日本一わかりやすい、
家族が揉めないための終活の本

相続は遺言書で9割決まる!

ふくだ総合法務事務所 代表司法書士
福田 亮
Ryo Fukuda

Clover
クローバー出版

はじめに

今年（令和2年）2月に弊所における初めての書籍『借金は9割返せる！ ――今さら聞けない…お金の悩みを解決する本～』を出版してから、早くも半年が過ぎようとしております。

前著には非常に多くの反響をいただき、また書籍をご覧になった方からの相談やご依頼も数多くいただいております。この場を借りて厚く御礼申し上げます。

この度「次は相続の内容で！」という執筆のご依頼をいただき、本書を出版する運びとなりました。前の書籍と同様、実務の前線に立ち続ける者の視点から、実務の現状をリアルに、分かりやすく解説しております。

「終活」という言葉が使われるようになってから、どのくらいになるでしょうか。超高齢社会に突き進むにつれ、多くの方々が人生の終《しま》い方というものに意識が向くようになる。これは、当然のことなのかもしれません。エンディングノートをつけ、身の回りの整理をし、葬儀や相続について考える。とても大切なことであると思います。

しかし、こと相続対策に関しては、世間の認識がどうやら少しズレているように感じます。相続というと、すぐ相続税に関心が向き、節税ばかり考えてしまう人が多くいますが、相続の一番のポイントは、そこではありません。

相続で大切なのは、節税よりも「揉《も》めないこと」。ここを見誤ってしまうと、金銭的には得をしても、遺されたご家族が口もきかないような関係になってしまうことがあるのです。きちんとした相続対策をすることで、そのような事態を防ぐことができます。

相続対策をしたところで、それで終わりではありません。そこからどれだけの人生が残っているのか、誰にも分かりません。5年なのか、10年なのか、それとも20年なのか。残された人生を、どうか安心安全に過ごしていただきたいものです。

本書は「第1章相続編」「第2章成年後見編」「第3章民事信託編」の3部構成となっており、相続と関連する重要な制度を1冊にまとめました。「第1章相続編」では、相続対策の必要性、相続対策をしないとどのようなことになってしまうのか、正しい相続対策の方法や考え方、正しい相談先などを実際に弊所にて担当した生の事例を基に解説しております。こちらを読めば相続対策をしないことがいかに怖いことなのかを分かっていただけると思います。

「第2章成年後見編」「第3章民事信託編」では、なかなか馴染みのない（がとても重要な！）それぞれの制度について、どのような場合に利用すべきか？　どこにどのように相談して進めていけばよいのか？　などを制度そのものの説明を交えて解説しています。こちらを読んでいただければ、成年後見制度と民事信託制度の基本的な知識が得られるはずです。

今すぐ使う必要はないかもしれませんが、知っておくことで、いざという時に役に立ちます。

なるべく多くの方に相続や成年後見、民事信託について知ってほしい。そのような思いから、できるだけ難しい法律用語を使わずに、読みやすく、分かりやすく解説していきます。

ご高齢の方だけでなく、そのご家族の方にもぜひ知っておいていただきたい内容ばかりです。知ることで、無用なトラブルを防ぐことができます。本書が読者の皆様にとって、生活の安心を支える一助となれば幸いです。

目次

第2章 将来のための「成年後見制度」ってなに？

おことわり：本書の内容は執筆時点における法律・実務動向・著者の実務経験に基づいて作成しております。これらは流動的で、変化するものであることをご了承ください。

第1章

相続対策は全員がすべき！

相続対策は全員必須

相続対策の話をすると、「うちは大丈夫です」と答える方がかなり多くいらっしゃいます。なぜそう思うのか聞いてみると、その答えはだいたい以下の3つです。

1．相続財産がほとんどない
2．家族仲がいいから大丈夫
3．忙しくて時間がない

一見、もっともらしい理由ばかりですが、実は相続対策をしなくていい理由には全くなっていないのです。

相続対策がなぜ必須かというと、結局のところは「揉めるから」です。もちろん、相続対策をしなくても揉めないご家庭もあります。しかし、数々の相続を見てきた私の感覚から言うと、対策なしでも全く揉めない相続というのは全体の1割から2割くらい。逆に言うと、相続対策をしない状態で亡くなると、8割から9割のご家庭で、大なり小なり何らかのいざこざが起こるということです。

これはもちろん、ちょっとした口喧嘩で収まるような場合もあります。しかし、小さければ揉めてもいいというわけではありません。多少揉めた末、元の仲に戻ったとしても、やはりしこりが残ってしまうもの。「あの時、あんなひどいことを言われた」とか、「意外とお金にがめついタイプだったんだな」など。このようなわだかまりが、その後の人生にとってプラスになることはありません。相続人（相続を受ける人）は、その後も何年、何十年と生活を続けるわけですから、揉めないに越したことはないのです。

16ページの図は、遺産分割調停件数の推移を示しています。昔の日本で

遺産分割調停件数の推移

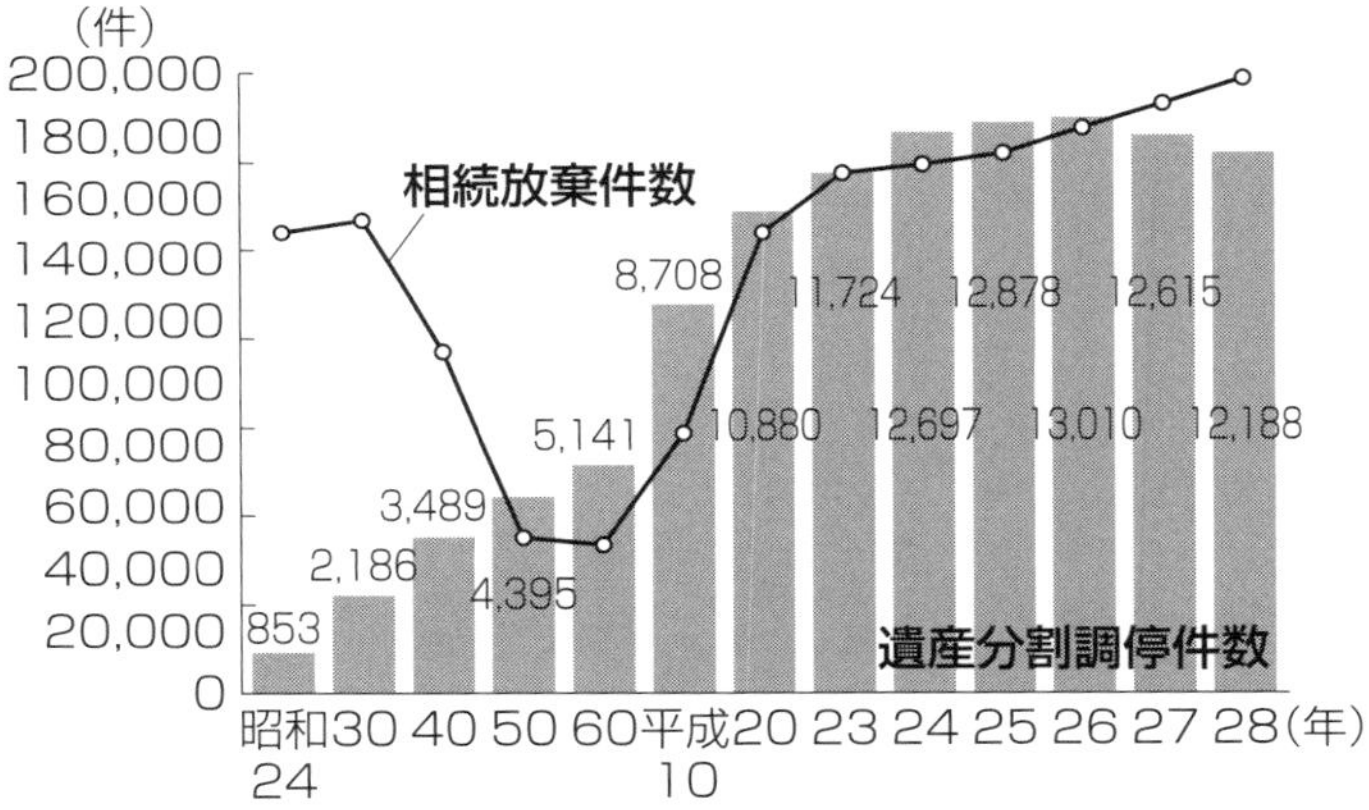

昔は、家督相続。原則として長男の単独相続と定められていた。

司法統計より

は家の主《あるじ》が亡くなると、長男が一人で全ての遺産を継承・相続する家督相続という制度をとっていましたが、その後１９４７年（昭和22年）、日本国憲法に則った大幅な相続制度の改正が行われて家督相続制度が廃止され、亡くなった方の妻（夫）、長男以外の子などにも法の定める割合で平等に相続する権利が認められました。

そして、人々の間に家督という考え方が薄れるにつれ、遺産分割における調停件数が増えていったのです。

調停でも話がつかず、裁判沙汰になってしまうことも少なくありません。相続というのは、お金の問題だけではなく、親の愛情やそれまでの家族の歴史も関係してくるものです。今までの人間関係に「お兄ちゃんには意地悪された」とか、「妹は留学までしているのに」など、恨みや妬《ねた》みが残っていると、「ここで仕返しをしてやろう」という気持ちが働くことだってあるかもしれません。

相続で仲のよい家族が揉めることも……

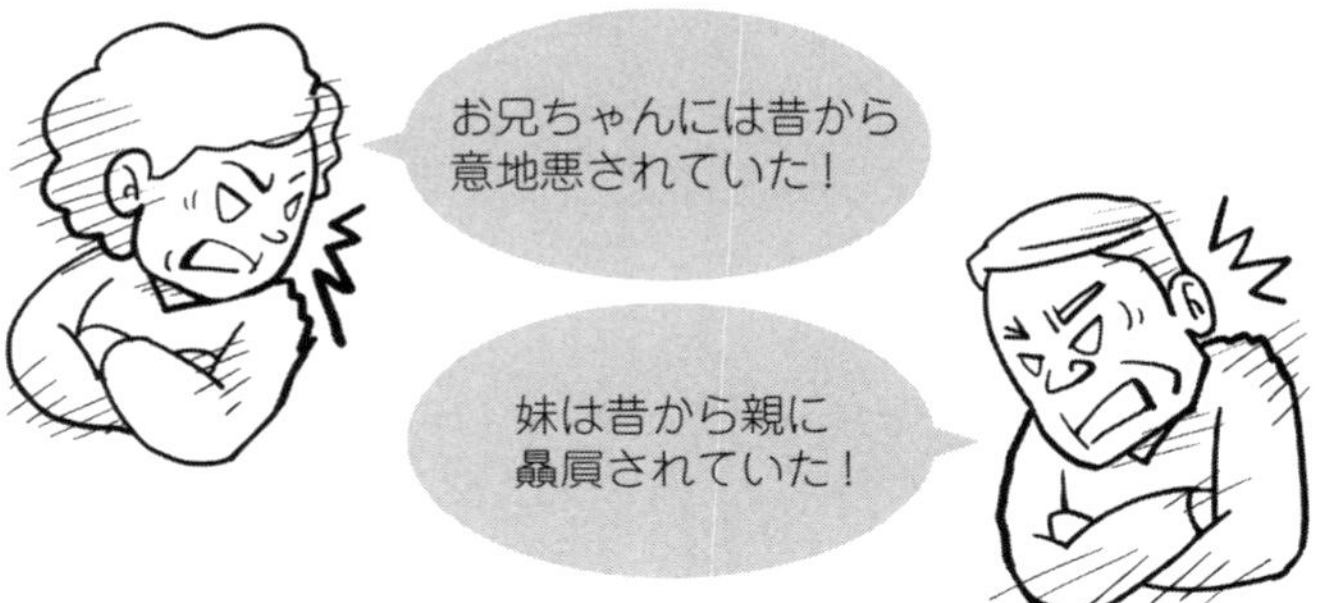
お兄ちゃんには昔から
意地悪されていた！
妹は昔から親に
贔屓されていた！

過去のちょっとしたわだかまりが、
相続をきっかけに大きないざこざに発展することも……

このようにして、金銭面以外のところで愛憎劇が起こってしまいます。実は、そちらのほうが解決は難しいのです。お金がほしいということだけであれば、数字で解決することができますが、恨みや妬みに関しては、そうはいきませんから。

相続対策は、家族がいる全ての方にとって必須なのです。

たとえ財産がなかったとしても、誰がお葬式を出すのか、誰がお墓を管理するのかなど、自分が亡くなった後の始末について遺言《ゆいごん》を残すことが大切です。また、換金価値がなくても大切なものだってあるでしょ

遺産がない人の遺言例

①誰がお葬式を出すのか

②誰がお墓を管理するのか

③その他の諸々の始末を誰がやるのか

う。思い出の品を誰に譲るのか明記しておけば、遺品整理をするご家族も安心です。

相続対策といっても、財産がない場合には、きちんとした遺言書の形式を整える必要はありません。メモ程度でもいいので、書き残しておきましょう。

また、相続対策をしないでおくと、税金が高くなることもあります。基本的に、節税については被相続人（相続財産を遺す人）の生前に対策を講じておくもの。亡くなった時点で、できなくなってしまう節税対策が多いのです。

「うちは揉めないから大丈夫」は間違い

「うちは大丈夫です」の理由として最もよく言われるのが、「うちは揉めないから」です。

残念ながら、これには全く根拠がありません。「揉めない」と思っているのは当人だけ。実際には、かなりの高確率で揉めてしまいます。

それまでは本当に仲のよい家族であったとしても、相続が起こった時点で心変わりするなどということはいくらでも起こります。相続人の生活状況にもよりますし、相続人の配偶者が入れ知恵するなど、思いもよらぬことが起こるのです。

遺産分割協議で揉めた場合、法的解決手段を取るなら、まずは調停です。遺産分割調停を行い、そこで話がまとまらなければ、裁判所での審判に移ります（調停や審判は訴訟とは違い、非公開で行われます）。

審判手続では、関係人のさまざまな話を聞きとった上で、裁判官が審判を下します。誤解を恐れずに言えば、これはもう「えいやっ」という感じです。話し合いでは決まらないので、裁判官が法律に従って一方的に解決方法を決めてしまいます。

遺産分割調停が終了するまでの平均期間はだいたい1年弱。その後、審判手続まで進むとさらに1年、長引く場合には3年以上かかることもあります。

相続税の支払いには、被相続人の死亡から約10か月という期限がありま す。揉めていたら、あっという間に支払い期限が来てしまいます。

遺産分割協議が終わっていない場合、相続税を支払う際、亡くなった人が遺した財産には一切手を付けることができません。故人の銀行預金などは、全て凍結されてしまいます。つまり、相続人が手持ちの現金から相続税を納めなければいけないのです。どのような事情があっても、国は待ってくれません。払わなかったら、延滞税がかかってしまいます（納付期限の翌日から2か月以内は年2・6％、納付期限の翌日から2か月以降は年8・9％の延滞税）。

手持ちの現金がない場合は、遺産分割協議で揉めていると大変です。相続税を払えない場合、国から容赦なく督促が来ます。これは、通常の税金の取り立てと同じです。給料を差し押さえられたり、銀行口座を調べて差し押さえられたりします。

そのため、不本意な譲歩をしてしまうということが多々起こります。これでは、その後の関係に禍根《かこん》が残って当然です。

大切なことなので何度も言いますが、「うちは揉めないから大丈夫」は、本当に根拠がありません。大丈夫だと信じていても、必ず相続対策をしておきましょう。

事例　「うちの子たちは大丈夫……」ではなかった／小野さん（女性・享年91歳）

小野さんは約20年前に夫を病気で亡くし、２人の息子さんと１人の娘さんがいました。

小野さんは、実家で娘さんと一緒に暮らしており、ご高齢の小野さんは、最後まで面倒を見てくれた娘さんに自宅を相続させようとしていました。数年前から遺言書の作成を検討していましたが、「うちの子たちは仲がいいから大丈夫よね」と、先延ばしにしていました。

実際、２人の息子さんも「俺たちは家庭があり、実家からは距離も遠い。実家は娘のおまえが継いでくれ」と常々おっしゃっていたようです。

そんな中、小野さんがくも膜下出血で倒れ、そのまま亡くなってしまいました。

本当に急なことで戸惑いながらも、何とかお通夜・告別式を済ませ（喪主は娘さんが務めました）、四十九日法要も終わった頃、それまで「実家はおまえが継げ」と言っていた2人の息子さんの言い分が一変。「俺たちだって、実家を相続したい。それがダメなら、その分のお金をくれ」と言い出したのです。

小野さんが亡くなってから既に3年が経過しましたが、まだ話はまとまっておらず、裁判が続いています。

相続が揉めたことによって、兄妹の仲は壊滅的なまでに悪くなってしまいました。それまでは、年に一度は一緒に旅行に行っていたそうなのですが、今では口もきいていないと言います。

金銭的な負担も大きくなってしまいました。遺産分割協議が成立していなくても、相続税の納期は待ってくれません。なので、一旦、法定相続に沿って遺産分割をしたという仮の形で申告・納税する必要があります。この時、故人名義の資産（預貯金など）を一切使うことはできません。また、この時の納税では、原則として各種減税措置は一切使えません（遺産分割協議が成立していないからです）ので、納税する金額自体も多くなってしまいます。

実際、２人の息子さんも娘さんも、何百万円もの納税をしなくてはならなくなりました。当然、全て手持ち現金からの持ち出しです。また、葬儀代については、結局全て娘さんが立て替えました。

メンタル面でも、非常に堪えているようです。揉めている間、ずっと落ち着かないのです。相続で揉めることによって、体調を崩したり、鬱《うつ》になったり、中には、心身のバランスを崩して亡くなってしまう方までいらっしゃいます。今の時代、相続を受ける側も高齢になってきているので、いつまでも揉め続けるというのは、大げさではなく命にも関わります。

身内とトラブルがあるというのは、本当に大きなストレスなのです。とにかく、気持ちが前向きになりません。何かをやろうとしても「相続の件が片付いてから」となってしまいます。

娘さんも、今まさにその状態のようです。「旅行に行きたいけれど、相続が気になるからそれが済んでからにしようと思います」「習い事を始めたいけれど、相続が済んでから」とおっしゃいます。

もうすでに3年という年月を棒に振っているようなものです。この先、決着がつくまで何年かかるのか分からないのに……。

「お母さんがきちんと遺言書を残してくれていれば、こんなことにならなかったのに」といつもおっしゃいます。

相続で揉めると、いいことなんて何一つありません。そうならないよう、「うちは大丈夫」などと言わずに、どうか、きちんと遺言書を作ってください。それが、遺された大切なご家族の幸せを守ることにつながるのです。

（※事例に出てくる名前は全て仮名、年齢は当時のものです）

「うちには財産がないから大丈夫」も間違い

「うちには財産がないから大丈夫」

これも、よく聞く言葉です。

遺産分割で揉めるのは、被相続人が何億という大金を持っている場合だけだと思われがちです。もちろん、遺産が多ければ揉めることも多いのですが、少なければすんなりいくかというと、そんなことはありません。

少ない財産を取り合うことになるため、落としどころを見つけにくく、少なかったら少ないなりに揉めてしまうのです。

世の中、数千万円程度の財産であれば相続対策は不要だ、と考えている人が多いようです。ところが実際には、裁判所に持ち込まれた遺産分割調停のうち、１０００万円以下の財産で争っているのは33％。また、５０００万円以下の財産で争っている案件の割合は、実に75％にものぼるのです

（次ページの図参照）。

少ないから揉めないというのは、全くの勘違いです。

遺産というのは、自分がいくらもらえるかという数字よりも「あいつより少ししかもらえない」といった、序列で揉めるもの。金銭の問題ではないという側面があるのです。

「お姉ちゃんは大学まで行ったのに、私は高卒だった」「お兄ちゃんは留学させてもらったのに、私はさせてもらってない」「弟は不良で迷惑かけていた」など、揉める原因を挙げればきりがありません。無数に存在します。

仮に、本当にまるっきり財産がなかったとしても、亡くなった後の始末を誰がやるのかという問題が残ります。葬式は誰が出すのか、誰が部屋を片付けるのか。遺品の整理だけでも大変です。財産が全くなかったとしても、揉める要因はいくらでもあります。

遺産分割調停で争われる財産の額

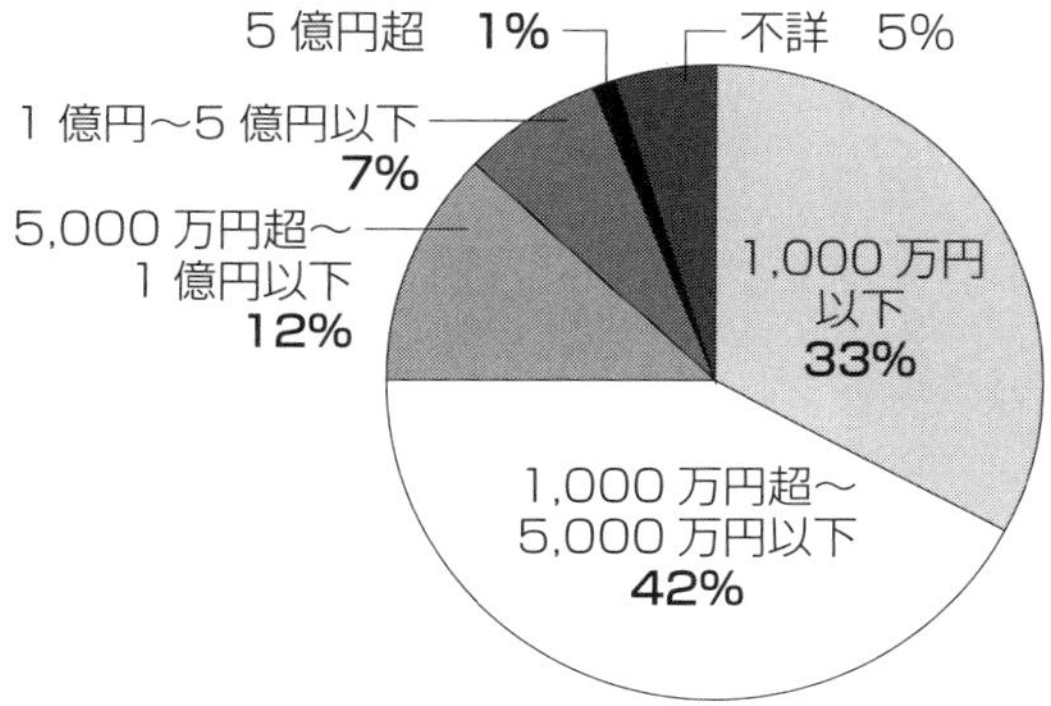
5 億円超　1%
不詳　5%
1 億円～5 億円以下
7%
5,000 万円超～
1 億円以下
12%
1,000 万円
以下
33%
1,000 万円超～
5,000 万円以下
42%

1,000 万円以下
が 3 割もあるん
ですね！
お金がないから必要
ないは甘く考えすぎで、
どんな家にも相続問題が
起こりうるということが
わかるよね

財産の有無にかかわらず、相続対策は必要なのです。

「時間がない」は言い訳にならない

「働いているので時間がないんです」

これは、まだまだお元気な方からよく言われることです。

相続対策というのは、やることが多岐にわたります。自分の財産を全て洗い出し、誰に何をどう分けるのかを決め、税金的に問題がないかをチェックする。このような慣れない作業をこなすのには、たしかに手間も時間もかかります。まだ現役で働いている方が躊躇《ちゅうちょ》するのも無理はありません。

しかし、忙しいのであれば、専門家に頼むことで時間はかなり短縮できますし、手間も大幅に省くことができます。

たとえば司法書士に頼んだ場合、依頼人のやることというのは、相続財産がどれだけあるかの報告と、「これをこう分けてほしい」といった意思決定だけです。調査書類の作成や書面の提出、役所回りといったことは、全て司法書士が請け負います。

自分がいつ亡くなるのかは、誰にもわかりません。今日元気でも、明日生きているという保証はないのです。遺される家族のためにも、遺言書だけでも作成しておくことを、強くお勧めします。

事例　間に合わなかった遺言書／宮崎さん（男性・享年58歳）

「遺言書を作りたい」

これが、宮崎さんからのご依頼でした。

遺言書を作る目的は、法定相続人の息子さん（奥様は既に亡くされていました）以外にもう1人、自分の財産を遺してあげたい人がいるからでした。

「その人には本当にお世話になった。今の自分があるのはその恩師のおかげだ」と。

当時、宮崎さんは末期の大腸がんを患っており、それ以外にも内臓のあちこちに不調を抱えている状態でした。おそらく、ご本人も「もう、そろそろかな」という予感があったのだと思います。

遺言書作成のための調査や資料集めが完了した矢先、今度は胃に小さな腫瘍が見つかりました。「念のため取っておきましょう」という医師の勧めで、手術をすることに。手術入院の前日にお会いして、「退院したら、公証役場に行って遺言書を作りましょう」と話していたのです。

その後、しばらく連絡を待っていたのですが、なかなか来ない。「随分と入院が長引いているな」と思っていると、息子さんから宮崎さんが亡くなったとの連絡がありました。

手術に耐えられる体力がなかったということです。手術自体は成功でした。しかし、体力が足りず、手術後に回復できなかった。これには私も驚きました。医師が勧めた手術だったのですから。そこまで体力がなくなっていたことに、医師も気づいていなかったようです。

宮崎さんが初めて事務所を訪ねてきてから、わずか２か月の出来事でした。

「お世話になった恩師に財産を遺し

たい」

生前、宮崎さんはそう言っていましたが、結局その願いは叶いませんでした。

遺言書の作成が間に合わなかったとはいえ、宮崎さんの希望は弊所が充分聞き取っていました。それまで散々手を焼き、お金もかなり使わされた息子には財産の半分を、もう半分は事業を立ち上げる際に散々お世話になった恩師に遺したい、というのがご希望でした。

しかし、息子さんはそれに納得がいかず、財産全額の相続を主張。「私が唯一の相続人ですよね？」「遺言書の作成は間に合わなかったんですよね？」と。

遺言書さえ間に合っていれば、問題なく息子さん1／2、恩師1／2で相続させることができたのです。

こんな言い方はよくないのかもしれませんが、手術をしなければ遺言書

相続問題の間違い

間違い①うちは揉めない

→「揉めない」と思っているのは当人だけ。
実際には、かなりの高確率で揉めてしまう。

間違い②うちには財産がないから大丈夫

→実際には、裁判所に持ち込まれた遺産分割調停のうち、
1,000 万円以下の財産で争っているのは 33%で、
金額は関係ないことがわかる。

これらはよくある間違いです。
「自分の家は大丈夫」と思い
込まない方がよいですね

「時間がない」は大間違い、人はいつ死ぬか分からない

全員に相続対策が必要！

は間に合ったはず。永くはないかもしれないとは思いながらも、誰にも予想のできなかった宮崎さんの最期。人がいつ死ぬかというのは、誰にも分かりません。「まだ大丈夫」などと思わずに、すぐにでも遺言書を作ってほしい。そう思っています。

相続対策の手順

相続対策を行う際、どこから手を付ければよいのでしょう?

相続対策と聞くと、まず「節税」が思い浮かぶかもしれません。しかし、まず大切なのは遺産分割方法の決定です。財産の分け方を決めてから、納税資金や節税対策について考えましょう。節税セミナーなどがさかんに開催されているため、つい節税が一番大事だと考えてしまいがちですが、そうではありません。まずは揉めない相続を実現するため、財産の分け方から考えることが重要です。

とはいえ、財産の分け方を決める際、納税資金や節税のことを無視するわけにはいきません。

1. 大まかな財産の分け方について考える
2. 納税資金や節税まで考慮し、財産の分け方の詳細を決定する
3. 本格的な納税資金や節税対策を打つ

という順番で、相続対策を行いましょう。

●遺産分割

遺産分割の方法というのは、「誰に何をあげるのか」を決めること。

ここが定まっていなければ、税金対策をしたところで意味がありません。「この制度を使ってこう節税しよう」と考えていても、誰が相続するのかによって、その制度が適用されなくなってしまうことがあるからです。た

とえば、奥様が相続すれば配偶者控除が使え、全体の相続税が下がるというケースでも、遺産分割の方法の指定に問題があるために奥様が相続できなくなってしまえば、その節税対策は使えません。

遺産分割の方法について何も決めないうちに節税を考えるというのは、徒労に終わってしまうことが多いのです。

●納税資金対策と節税

遺産分割がだいたい決まったら、相続税の金額を試算し、相続税を納めるだけの現金を用意できるのかを判断します。足りない場合には、相続財産を一部売却してお金を作っておく必要があるかもしれません。または相続の後、相続人が不動産を担保に借入をするなどして対応することも考えられます。このように、足りない分をどうやって用意するのかについても、考えなければいけません。このとき、必要があれば遺産分割の見直しをします。

なぜか、多くの人が節税のことばかりを重視します。相続に関するセミナーや勉強会なども、「○○制度を使って節税しましょう」とか、「アパートを建てれば、これだけ節税になります」といった調子です。

もちろん、なるべく税金を安く抑えたいという気持ちは分かります。しかし、節税だけを考えていても、満足のいく相続にはなりません。遺産分割と納税資金対策、そして節税。この３つのバランスを取りながら、遺言者にとっても相続人にとっても納得できる落としどころを探っていくことが大切です。

相続豆知識　相続税の基礎控除

「相続財産がこれ以下だったら相続税はかかりません」という基準（基礎控除）があります。

（相続税の基礎控除）＝3000万円＋（法定相続人の数）×600万円

たとえば、法定相続人が亡くなった方のお子さん2人という場合、3000万円＋2×600万円＝4200万円以下の相続財産であれば、相続税はかからず、申告も必要ありません。

相続対策、誰に相談すればいいの？

遺産相続については、その対策を全て自分でやろうとする方もいらっしゃいます。もちろん、自分で行っても法律上は何の問題もありません。

しかし、専門知識のない一般の方が相続対策を一人で行うというのは、お勧めできません。まず何よりも手間がかかるし、万一ミスが発生した場合、全てが台無しになってしまうことがあるからです。

相続というのは、一つのミスが全体に影響を及ぼすという特徴がありま

相続対策の手順

手順１　大まかな財産の分け方について考える

手順２　納税資金や節税まで考慮し、財産の分け方の詳細を決定する

手順３　本格的な納税資金対策や節税対策を打つ

ひとつのミスが全体を
台無しにしてしまうことも。
できれば専門家に相談して
欲しいです

す。

例えば、自分で遺言書を作成したものの、本人が死亡後に確認してみたら、法律上の要件を欠き、遺言書が無効になってしまうことがあります。この場合、結果的には相続対策を全く行っていなかったことと同じになってしまいます。

他にも、ある制度を見落としたために税金が高くなり、全体のバランスが崩れてプランが台無しになるというケースも起こりうるのです。

相続対策を全て自分で行う際のメリットというのは、おそらく金銭面での節約とい

うことになると思います。専門家に頼めば、相応の報酬を支払わなければなりませんから。

たしかに専門家が関わるとお金がかかります。しかし、専門家に任せることで、手間が減り、時間も短縮され、ミスがなくなります。また、資金作りや節税のアドバイスをもらえることも考えると、かえって節約になるというケースも多々見られます。

もし、自分でやるか専門家に任せるかを迷ったら、専門家に任せたほうが安心だと考えましょう。

遺産相続の専門家とは誰のこと？

では、遺産相続の専門家とは、誰のことを言うのでしょう？

代表的なところでは、司法書士・弁護士・税理士といった国家資格を持つ人たちが相続の専門家です。また、信託銀行なども相続の専門家と呼べるでしょう。

●司法書士・弁護士・税理士

最も安心できるのは、国家資格を持っている、いわゆる「士業」の人たちに依頼することです。一定の勉強を修め、確かな知識を持っているからです。

また、司法書士・弁護士・税理士は、きちんとした所属団体に管理されています。司法書士なら司法書士会、弁護士であれば弁護士会、税理士は税理士会にそれぞれ所属しており、信頼を大きく損なうようなことをすれば、その管理団体から懲戒を受けることも。そのあたりの安心感というのは、非常に大きいものです。

士業の中では、弁護士資格が最高峰とされているので、「依頼するなら弁護士が一番いい」と思っているかもしれません。しかし、どの資格を持つ人に頼むのがよいのかは、状況によります。

もう実際に揉めてしまっているなら、弁護士です。被相続人が既に亡くなっていて、相続人の間で揉めている相続案件については、弁護士にしか担当できません。

しかし、相続対策というのは、揉めないようにするために手を打つことを目的としています。財産を持っている方が亡くなる前に、対策が必要なのです。

亡くなった後、相続人の間で揉めるのを防ぐために有効なのは、何よりきちんとした遺言書を作ること。遺言書作成に関しては、別に弁護士にこだわる必要はありません。

また、相続といえば相続税が心配になります。そのため、「相続のことなら税理士に相談しよう」と思われる方も多いでしょう。もちろん税理士なら、相続税に関してはは確かなアドバイスをしてくれます。

しかし、相続税については、遺産分割の方法と絡めて考える必要があります。遺産分割において、「何をどう分ければ揉めずに相続できるのか」というところに関しては、税理士であっても専門ではありません。

司法書士は税理士と提携していることが多いため、司法書士に依頼することで、遺言書の作成から資金対策、節税まで、ワンストップで対応することが可能です。司法書士は法的な知識・実務と費用のバランスがよく、小規模な案件を依頼するのにちょうどよい「町の法律家」です。一般的なご家庭での相続について、ベストパートナーであると言えます。

被相続人が既に亡くなっていて、相続人の間で揉め事が起こっている場合には弁護士。きちんとした遺言書を既に作成済みで、あとは相続税への対策をするだけという場合には税理士。まだ全く手を付けておらず、一から相続対策に取り掛かるという場合には司法書士に依頼するとよいでしょう。

●信託銀行

司法書士・弁護士・税理士といった士業の他に、信託銀行でも相続対策について扱っています。

信託銀行では「遺言信託」と称する業務を行っています。遺言書の作成から依頼者が亡くなった後の遺言執行まで、相続に関する一連の流れをサポートしてくれますが、信託銀行が担うのは、基本的にコーディネーターとしての役割です。

また、報酬は相続財産の0・3～2％前後という設定が多く、相続財産が少額の場合、最低報酬を100万円以上に設定しているところがほとんどです。

普段から信託銀行との付き合いがあるなら、馴染みの信託銀行を利用するのもよいかもしれません。しかし、そうでなければ、あまり費用対効果の高い依頼先とは言えないでしょう。

●「相続アドバイザー」や「相続プランナー」

「相続アドバイザー」や「相続プランナー」といった民間資格を取得した人たちが「我々は相続の専門家です。任せてください」と謳《うた》っているのを、近頃よく目にします。

しかし、正直なところ、このような人に頼むのはお勧めできません。

というのも、まず、民間資格というのは、資格を取ることが非常に簡単なのです。１~２か月の講習を受け、試験を受ければ資格を取ることができます。国家資格ではないので、試験自体も簡単です。知識の浅い状態でも、資格を取ることができてしまうのです。

また、これは私の個人的な意見ですが、こういった民間資格を取る人たちの動機に疑問があります。まずお金ありきだということが多いのです。うちの事務所にも、「相続プランナーの資格を取りませんか?」という営業ＦＡＸがよく届きます。つまり、「相続で稼ぎませんか?」と勧誘しているわけです。このような団体の営業に乗って、「じゃあ、ここは一つ、相続で稼いでやろうか」と資格を取る人たち。そういう状況を考えると、このようなところに依頼するのはちょっと怖いなという気がします。

もちろん、中には十分な実力と経験を備えた人もいるとは思います。もし、そのような人が知り合いにいるなら、もちろんその人に依頼すればよいでしょう。しかし、誰に頼めばいいか迷っているような段階であれば、国家資格取得者に頼むほうが賢明です。

遺産相続の専門家、誰を選ぶ？

弁護士

国家資格保有。
弁護士会に所属している。
士業資格では最高峰とされている。
既に揉めてしまっている場合は弁護士に
頼むとよい。

司法書士

国家資格保有。司法書士会に所属。

税理士と提携していることが多い。法的な知識・実務と費用のバランスがよく、小規模な案件を依頼するのにちょうどよい。一般的な家庭の相続ではベストパートナーと言える。

税理士

国家資格保有。
税理士会に所属している。
相続税に関しては確かなアドバイスを
してくれる。

信託銀行

「遺言信託」というサービスで相続に関する
一連の流れをサポートしてくれる。
最低報酬を 100 万円以上に設定している
ところがほとんど。

相続アドバイザー・
相続プランナー

民間資格を取得したアドバイザー。
正直なところ、このような方に頼むのは
お勧めできない。

コラム

相続についての相談相手の見つけ方

２０１７年、ハイアス・アンド・カンパニー株式会社が、相続の問題についてのアンケート「相続に関する意識調査２０１７」を実施しました。その中に、「相続相談は誰にしていますか（しようと思いますか）？」という質問があります。

その質問に対する回答は、以下の通り。

誰に相談したらよいか分からない：56・4％

血縁者：14・7％

弁護士：９・７％

司法書士：５・６％

税理士：５・１％

銀行：２・５％

不動産会社：０・４％

その他：５・６％

最も多かった回答が「誰に相談していいのか分からない」だったのです。

もし、相続について「この人に頼みたい」という信頼を寄せている人がいるのなら、それが民間資格の相続アドバイザーでも、別にいいと思います。信頼できる人がいれば、その人に頼めばいい。

しかし、現状は、ほとんどの方が「誰に相談していいのか分からない」と思っているわけです。もし今、「この人に頼みたい」という人がいないのであれば、国家資格を持つ士業から選ぶことをお勧めします。

最初の一歩としては、専門家が開催している相続対策セミナーなどに参加することをお勧めします。また、近所の事務所に電話をかけて相談してみるのもいいですね。

インターネットで探しても構いませんが、インターネットの場合、選択肢がありすぎて、どこに頼んでいいのか判断に困ります。「相続」というキーワードで検索すると、山のような情報がヒットするので。

当たり前ですが、どのホームページにも「うちは実績がありますよ」と書いてあります。どこの事務所も同じようにいいことばかり書き連ねてあって、決められない。すると皆さん、選ぶのが面倒になって、そこでやめてしまうのです。「よく分からないから、今度でいいや」と。

そうして後回しにしてしまい、間に合わなくなってしまった……ということがよく起こります。

ですから、インターネット検索は、あまりお勧めできません。できれば、元気なうちにセミナーや勉強会などに参加しましょう。大事な財産の相続を頼む相手です。直接顔を合わせ、「この人なら安心できる」と思える人に頼みたいものです。

もし、本書をお読みの方で相談先がわからない場合、ぜひ弊所にご相談ください。

ふくだ総合法務事務所の相続相談窓口
03-6451-0981

必ず遺言書を作りましょう

誰に何をあげるのかという配分を決めたら、それを遺言書に残しましょう。口約束やメモ書き程度では、のちのち揉めることになります。

遺言書は自分で書くこともできますが（自筆証書遺言）、法定の要件を守る必要があり、一つでも要件が欠けると、全てが無効になってしまいます。また、自筆証書遺言は手書きで残さなければならず（財産目録を除く）、代筆やワープロ入力された箇所があると、遺言書自体が無効になってしまいます。長い書面を手書きするというのは、病気や高齢で体力が弱っている状態では、なかなか大変な作業です。もし自分で遺言書を作りたいなら、元気なうちに作成しておくようにしましょう。

安全で確実なのは、公正証書遺言です（詳しくは後述します）。できれば、公正証書の形で遺言書を作成することをお勧めします。

●遺言書の効力は永久

遺言書は、基本的に一度作成してしまえば、その効力がずっと続きます。

ただし、本人が新たな遺言を作ったり、遺言書の記載に反する行為を行ったりしたときには、その部分について遺言書の効力がなくなります。

遺言書の記載に反する行為というのは、たとえば、「不動産は長男に与える」という内容の遺言書を書いた後で、その不動産を次男に生前贈与するといったこと。このようなことをすると、その部分の遺言は無効になってしまいます。

●特に遺言書が必要な人

全ての方に遺言書を作ってほしいというのが本音ではありますが、以下のような方は特に遺言書を作っておく必要があります。

【既に揉めそうな気配を感じている人】

子供たちの仲が悪いとか、経済状況に差が大きいなど、「もしかしたら揉めるかも……」という要素がある場合には、必ず遺言書を作っておきましょう。

遺産分割協議というのは、一人でも反対すると、まとまりません。多数決ではなく、全員一致が条件です。相続人が5人いるとして、そのうちの4人が同じ意見であっても、一人でも反対者がいるとダメなのです。

今、ご自身が健康であっても、この先何が起こるかは分かりません。「もし今、相続が起こったら揉めるかも」と少しでも思うなら、遺言書を作っておきましょう。

【相続財産が不動産に偏っている人】

相続財産が現金だけなら問題ないのですが、たとえば土地しかないという場合、分けることが非常に難しくなってしまいます。

このようなときには、生きている間に売ってお金に換えておくなど、事前にしっかり対策しておく必要があります。

しかし、持っている相続財産が自宅の不動産だけという場合、生きている間はそこに住むわけですから、売ることができません。ですから、遺言書できちんと「不動産は全て換金してこのようにお金を分けなさい」と書いておく必要があります。

不動産に関しては、素人が一人であれこれ考えるよりも、さまざまなケースを見てきたプロの意見を聞いたほうがいいでしょう。誰に相続させ、その後、どのように分ければよいかというアドバイスをもらうことができます。

【隠し子や内縁のパートナーがいる人】

隠し子や内縁関係のパートナーがいる場合、必ず遺言書を作るようにしましょう。

認知していない子や内縁関係のパートナーには、相続権がありません。しかし、遺言書に記しておくことで、そのような人たちにも財産を遺せる場合があります。

また、認知している非嫡出子《ちゃくしゅつし》（婚外子）には、法的な相続権がありますし。しかし、隠し子の存在をご家族が知らなかった場合、遺言者の死去自体を知らされない可能性も高いため、やはり遺言書に明記しておくことが大切です。

事例　親の死後、実は自分に兄弟がいたことが発覚／片山さん（女性・56歳）

お父様が亡くなり、相続登記のご相談にいらした片山さん。お母様は既に他界、一人っ子のため相続人は片山さんのみということで、相続登記の準備を進めていました。

しかし、亡くなったお父様の戸籍謄本を確認してみたところ、なんと生前にお父様が「認知した子」が２人も載っていたのです。こうなると、相続登記どころではありません。相続権を持つ者が実は自分以外にも存在していたのですから、遺産分割協議からやり直す必要があります。

私は、片山さんの異母兄弟である２人の相続人の元に駆けつけました。するとと驚いたことに、まだ認知はされていない（戸籍にも載っていない）お子さんがもう一人いたのです。なお、子供からの認知請求については、親の死後3年間は手続可能です。

正直なところ、「困ったな。これはかなり揉めるぞ」と思いました。しかし、お話をしてみると、こちらが拍子抜けするくらい、とても温和な方ばかりでした。

「お父様が亡くなりました。遺言書はありませんが、今回はお三方合わせてこの金額でご納得いただけませんか」とお伝えしたところ「はい、いいですよ」と即答いただけたのです。

このケースでは、「どうせないものだと思っていたから、もらえるだけありがたいです」と言っておさめてくれましたが、これは、とてもレアなケースでしょう。

「僕らは、父の生前、何もしてもらってないのだから、その分多目にくださいよ」と言われて当然の場面です。お父様がいないことによって貧しい暮らしを強いられていたなど、鬱憤が溜まっていたら、こうはいきません。

いわゆる隠し子がいる相続に関しては、むしろ揉めて当たり前です。自分たちの不遇をここで復讐してやろうと思ったら、父親はもう死んでいるのだから、恨みの矛先は、手もお金もかけて育てられた異母兄弟に向かってしまいます。

そのような復讐劇が起こらぬよう、隠し子がいるなら、絶対に遺言書を作りましょう。

気が進まなくても遺言書を書いておく

基本的に、皆さんあまり遺言書を書きたがりません。それはそうですよね。なんだかまるで、すぐに自分が死んでしまうような気がしますから。

「終活」をするような意識の高い人であれば、自分が死んだ後に遺される家族のことを思って遺言書を書くかもしれません。

しかし、たいていの人は、そうではない。「遺言書を書くだなんて、縁起でもない」という気持ちをどこかに持っているのです。

しかし、遺言書を作っておかないと、「どうして遺言書を書いておいてくれなかったんだ」と、恨まれることになってしまいます。相続で財産を遺してあげているのに、恨まれる。これは、実に残念なことです。遺言書さえ書いておけば、そのようなことにはなりません。

よく「財産を遺してあげるんだから、あとは貰う人たちでなんとかしなさい」と言う方がいますが、こんな言い分は通用しません。これでは誰も幸せにならないのです。遺された財産のせいで、かえって家族がバラバラになってしまいます。

相続人となる世代の方は、「もし亡くなったら大変だから、遺言書だけでも書いておいてください」と親に働きかけることが大切です。「遺言書さえあれば……」と後悔することになってしまいますから。

事例 遺言書を作った安心感から、心身が回復／笹川さん（女性・75歳）

笹川さんは「もう永くはないと思うから、今のうちに……」と相談に訪れました。

相続財産は東京都目黒区にある土地と建物のみ。それ以外には、現金も証券も一切ありません。その不動産は、笹川さんが娘さんと共に、自宅として利用しているものでした。

笹川さんには息子さんと娘さんが一人ずついて、相続人はそのご兄妹です。息子さんは「そんな家はさっさと売って、金だけくれ」というタイプ。「このままでは、お母さんが死んだら住む場所がなくなってしまう」と、娘さんが心配していたため、遺言書を作ることにしたそうです。

私が病院まで会いに行くと、笹川さんの症状はよくありませんでした。腕は枝のように細く、顔色も何となくよくない。「これは急がねば……」

と思いました。

基本的に、東京の公証役場はいつも忙しく、1～2か月待ちということもザラにあります。

すぐ公証役場に連絡し、遺言書を緊急で作ってほしい旨を伝えると、たまたまスケジュールが空いていたようで、わずか2週間ほどで作ってもらうことができました。

後から聞いた話ですが、遺言書を作ったことで安心し、笹川さんの体調は急速に回復したとのことです。実際、今でも元気にしていらっしゃいます。心配事が片付くというのは、心身によい影響を与えるものなのですね。

ただ、笹川さんの遺言書は、全てを娘さんに譲るという内容であったため、息子さんの遺留分を侵害しています。ですからおそらく、笹川さんが亡くなった後、多少揉めるとは思います。しかし、そうするしかありませんでした。他に相続できるものがなかったのですから。

息子の遺留分が１／４だからといって「土地の権利を１／４あげる」としてしまうと、混乱の元です。「俺も住まわせてくれよ」とやってくるかもしれないし、持ち分だけを怪しげな業者に売却してしまうかもしれません。都市部の土地であれば、持ち分だけでも買い取る業者がいるのです。そんな業者に売られたら、何をされるか分かりません。

苦肉の策として、「しょうがないから、問題は後回しにしましょう」という感じで、「全てを娘に相続させる」「自宅を売らないように」という内容の遺言書を作りました。

ただ、もし息子さんが「遺留分として、１／４を現金でくれよ」と言ってきた場合、娘さんにはお金がないので、土地を担保にお金を借りることになるでしょう。

とはいえ遺言書がなければ、法定相続分の１／２を請求されても対抗できなくなってしまうところです。遺言書があるからこそ、うまくいけば全てを娘さんに、揉めたとしても3／4を娘さんにという相続が可能になるのです。笹川さんの相続が揉めるかどうかは、まだ分かりません。ともかく、笹川さんの心身が回復し、何より娘さんが安心しています。遺言書を作ることによる安心効果は、非常に高いのかもしれません。

遺言書を後回しにしてしまうと、いつまでも心配がつきまとい、なんとなくモヤモヤした気持ちが続いてしまいます。遺言書を作り「これで決まり！」となれば、不安材料がなくなり、スッキリした気持ちで過ごすことができるのです。

公正証書遺言とは

公正証書の形で作成された遺言書を「公正証書遺言」と言います。

公正証書というのは、公証役場で公証人に作成してもらう書面のこと。

遺言や大事な契約書、離婚協議書など、書面の内容について後で揉めたくない場合に作成します。

公証役場は国の機関で、全国に約３００箇所、東京都内に45箇所設置されています。

遺言を残すのであれば、できるだけ公正証書遺言にしましょう。公正証書遺言にしておけば、後からひっくり返されることはほぼありません。

自筆証書遺言の場合、その内容に不満を持つ人から「これは偽造だ」とか、「強制的に書かせたでしょ」「お母さんの筆跡じゃない」などと難癖をつけられてしまうことが、多々あります。せっかく遺言書を作成したのに、その遺言書が原因で揉めてしまうということがあるのです。実際、遺言書の効力を争う裁判なども、頻繁に起きています。

公正証書遺言は、公証人が遺言を残す人の意思を確認し、公証人が作成します。自分で文字を書くことができなくても、口頭で意思の確認ができきれば大丈夫です。また、公正証書遺言は、公文書という扱いになります。

●捨てられたり、書き換えられたりしない

自筆証書遺言だと、生前に見つけられてしまうというリスクがあります。また、死後見つかったとしても、一番先に見つけた人物に不利な内容であった場合、捨てられたり、内容を書き換えられたりすることも考えられます。

かといって、簡単に見つからないような場所にしまっておいた場合には、最後まで見つけてもらえず、遺品整理の際に捨てられてしまうということも。

遺言書は書きさえすればいいというものではありません。適切なタイミングで遺族に見つけてもらわなければならないのです。

その点、公正証書遺言なら安心です。

公正証書遺言は、公証役場に原本が保管されます。遺言者が持ち帰るのは、公正証書遺言の「写し」です。遺言書の内容に不満を持つ人が捨ててしまったとしても、原本は公証役場に残っているというわけです。

●家庭裁判所での「検認」が不要

遺言者が亡くなったら、すぐ家庭裁判所に遺言書を提出し、「検認」を受けなければなりません。

「検認」とは、相続人などの立会いのもとで遺言書を開封し、遺言書の

公正証書遺言のメリット

捨てられたり、書き換えられたりしない

→公正証書遺言は、公証役場に原本が保管される。

家庭裁判所での「検認」が不要

→相続人などの立会いのもとで遺言書を開封し、
遺言書の内容を確認しなくてよい。

内容を確認すること。遺言書の偽造・変造などを防止するために行われます。遺言の有効・無効を判断するものではありません。

この検認の手続が、公正証書遺言の場合には不要となります。

「付言」を入れることで争いを回避することも

「付言《ふげん》」とは、遺言書の最後に記す、遺された方へのメッセージです。ここには、好きなことを書いて構いません。「これまでの人生、楽しかったよ」といった人生の振り返り、家族やお世話になった方への感謝の言葉などを記す人が多いようです。

弊所ではこの付言に、「どうして財産をこのような分け方にしたのか」を書いておくことを、強くお勧めしています。

財産というのは価値が偏りがちで、相続人全員に公平な配分ができるということはありありません。どうしても損をする人が出てきてしまいます。そのような場合に、損をしてしまう相続人をフォローするような内容を書いておくのです。

「タカシには譲れる財産が少なくなってしまったが、お前は優秀だから、いくらでも自分で稼ぎ出すことができると思う。申し訳ないけれど、体の弱い兄をこれからも支えてあげてほしい」

兄弟で相続財産に隔たりがあったとしても、このような一言があるのとないのとでは、受ける印象が全く違ってきます。

「このように分けなさい。以上」では、「どうして俺だけ少ないんだよ」となってしまいます。しかし、この一文があることで、「俺は信頼されてるんだな。よし、頑張ろう」という前向きな気持ちになる。その後の励みになるのです。

遺言書というのは、子供たちにとって、親の最後の言葉です。その言葉自体に、お金には代えられない価値が存在します。

この付言に、法的な根拠はありません。ですから、「付言なんて書かなくてもいいですよ」というスタンスの専門家もいます。しかし、私は逆に、この付言をとても大事にしています。付言に記されるメッセージは、遺言書ならではのものです。普段、面と向かって言えないことを付言に記す。これこそ財産です。

私のご依頼者は、皆さん「付言を書いている途中で涙が出てきた」とおっしゃいます。ぜひ、大切なご家族へ、最後のメッセージを残してあげてください。

第2章

将来のための「成年後見制度」ってなに？

成年後見制度とは

成年後見制度とは、認知症や知的障害、精神疾患などによって判断力が充分ではない方を保護するための制度です。

法律上、「この仕事をやってください」「これを買います」「これを売ります」といった意思表示をするためには、意思能力が必要です。

意思能力というのは、自分が何をやっているのかを把握する能力、これを言ったらどうなるかということを予測する能力のことです。この能力を持たない人は、法律上の行為ができません。

認知症が進むと、この不動産をいくらで売ったらいくら損をする……といった予測が自分ではできなくなってしまいます。そのような人が「すごく得ですよ」などと言って損をするような取引を持ちかけられて、言葉巧みに不利な契約書にサインさせられる。そんなことが起これば、本人にとって大きな損失です。

法律によってこのようなトラブルから本人を守るため、成年後見制度ができました。

成年後見申立が認められると、行為能力が一部制限されます。つまり、本人の意思でできることが限られるということです。その代わり、必要に応じて後見人が本人のために法律行為を行ったり、本人による法律行為を助けたりします。

成年後見制度の核心は、主人公が本人だということです。

あくまで本人にとって損なことが起こらないように、本人を守る。そのためにある制度なのです。

成年後見人の仕事

成年後見人は、裁判所によって選出されます。裁判官が審判という形で適任者を選ぶ、厳格な制度になっています。

成年後見人の主な仕事は、「身上監護」と「財産管理」です。

●身上監護

後見人のする身上監護とは、日々の生活や介護などに関する法律行為を行うことです。本人の住まいの確保、生活環境の整備、施設への入退所の手続や契約、病院への入院手続等がこれに該当します。

身の回りの世話については、後見人のする身上監護に含まれません。虐待がないか、体調がどうかといったことはチェックしますが、薬の管理や部屋の掃除などについては、看護師さんやヘルパーさんの仕事です。

司法書士が後見人になった場合、定期的に、または必要に応じて本人に会いに行きます。これは、心身の状態の変化や虐待などの問題を見逃さないためです。

●財産管理

財産管理とは、本人の財産を安全に管理することです。通帳や印鑑などを預かり、本人が普段の生活で使うお金や、公共料金・税金等の支払い、毎月の収支のチェックをします。

そして、その収支を年に１回、家庭裁判所に報告します。

身上監護と財産管理の２つを行うことで、本人の身体と財産を守る。これが、成年後見人の仕事です。

成年後見人の報酬

成年後見人への報酬は、本人の財産に応じて裁判所が決定します。東京家庭裁判所の場合、預金などの流動資産が2000万円までなら月に2万円、2000万円を超え5000万円までの場合には3～4万円、5000万円を超えると月5～6万円というのが目安です。裁判所が決めるため、不当に高い金額を請求されるといった心配はありません。

ただし、特別な業務が発生した場合、たとえば財産の相続を受けるため本人に代わって遺産分割協議をしたようなときには、その内容に応じた付加報酬が発生します。

成年後見制度の歴史

成年後見制度というのは、比較的新しい制度です。１９９９年（平成11年）の民法改正により、従来の禁治産・準禁治産制度に代わって制定され、２０００年（平成12年）４月１日に施行されました。

それまでの禁治産・準禁治産制度というのは、１８９８年（明治31年）に施行された制度で、個人の財産というよりは、家の財産を守ることと取引の安全に主眼が置かれていました。施行当時は家父長制であったため、家長が判断能力の乏しい者であった場合、この制度を利用して財産の監督を禁じていたのです。

第二次世界大戦後、大幅な民法改正が行われましたが、禁治産・準禁治産制度はそのまま残り、２０００年まで運用されていました。

しかし、時代の変化により、家の財産の安全よりも、まずは本人を守ることに重点が置かれ、本人保護を第一にする成年後見という制度に生まれ変わりました。

後見・補佐・補助

法定後見（103ページコラム「法定後見と任意後見」参照）には「後見」「保佐」「補助」の3つの類型があります。

●後見

3つの類型の中で、本人の症状が最も重いときに適用されるのが後見です。

民法では「事理を弁識する能力を欠く常況にある者」について後見人を選任することができると定められています。「事理を弁識する能力」とは、自分が行ったことの結果を理解して、経済的合理性に則った判断ができる能力のことです。

精神的な疾患や知的障害、認知症などによって、この事理を弁識する能力を常に失っている状態の人に対しては、原則として後見人が選任されます。後見人が選任されると、本人がした法律行為は、原則として全て、後見人が取り消すことができます。ただし、日用品の購入など、日常生活に関する行為は、後見人も取り消すことはできません。

●保佐

３つの類型の中で、後見の次に本人の症状が重い場合に適用されるのが保佐になります。

民法では「事理を弁識する能力が著しく不十分である者」について保佐人を選任することができると定められています。

保佐の場合、日常的な買い物以外の法律行為も原則としては本人のみで行うことができます。しかし、不動産など重要な財産の売買、お金の借り入れや訴訟など慎重な判断が必要な法律行為をするには、保佐人の同意が必要です。具体的にどのような行為をするときに保佐人の同意が必要かは、あらかじめ民法で定められています。

保佐人の同意なく本人が行った法律行為については、保佐人は取り消すことができます。

●補助

3つの類型の中で、本人の症状が最も軽い場合に適用されるのが補助です。民法では「事理を弁識する能力が不十分である者」について補助人を選任することができると定められています。後見や保佐に比べて本人の判断能力が比較的高い場合に、補助人を選任することになります。

法定後見制度

後見
本人の症状が
最も重い
↓
後見人を選任
保佐
後見の次に本人
の症状が重い
↓
保佐人を選任
補助
本人の症状が
最も軽い
↓
補助人を選任

法定後見には
３つの類型が
あるんですね
対象者の状況によって、
後見・保佐・補助の
どれかに決まるよ！

補助の場合も、日常の生活については、特に制限はありません。また、補助の場合、保佐とは違って、「どのような行為をするときに補助人の同意を必要とするか」は、その人の状況に応じて個別に決めます。例えば、保佐の場合は不動産の売買、新築、増改築、大修繕をするには必ず保佐人の同意が必要ですが、補助の場合は、「売買だけは同意が必要だがそれ以外は本人が自分の判断でやってよい」と、決めることができます。

そして、補助開始の審判のときに決めた法律行為を補助人の同意を得ずに本人が行った場合、補助人は取り消すことができます。

成年後見の手続の流れ

認知症が進行し、判断力が低下してきた場合には、ご家族や親戚でよく話し合い、成年後見の手続を検討すべきです。

成年後見を開始するには、以下の流れで手続を行います。

1. 後見開始申立て

本人の四親等以内の親族を「申立人」として、家庭裁判所に「後見開始の審判」を申し立てます。(保佐や補助についても、手続の流れは後見とほぼ同じです)。

身寄りのない方については、市町村長が親族に代わって申立てを行うこともできます。

後見開始の申立ては、家庭裁判所に申立書および関係書類一式を提出することで行います。

提出書類は種類が多く、不足や不備があると受け付けてもらえないこともあります。

2. 面談調査

家庭裁判所の調査官が、申立人および後見人候補者に対する面談調査を行います。ここでは、申立てをする理由、本人の生活状況や財産状況、後見人候補者の経歴などをヒアリングします。

3. 鑑定

本人に判断能力がどの程度あるのかを確認するため、必要な場合には、医学的な鑑定を行うことがあります。鑑定は、申立ての際に提出した診断書とは別に、原則、家庭裁判所が医師に鑑定を依頼する形で行われます（鑑定が行われるのは、申立て全体の約7％です）。

4. 本人の面談

家庭裁判所が本人と面談を行い、病状、申立ての内容や申立ての理由などについて確認する場合があります。

5. 後見開始の審判

家庭裁判所は、提出書類や面談調査、鑑定結果などを審査し、後見を開始すべきかどうか、誰を後見人として選任するかについて審判を行います。申立書には、後見人候補者の記載欄があります。ここには、「この人に後見人をお願いしたい」という人の名を記します（候補者本人に事前に承諾を得ておく必要があります）。記載された後見人候補者が不適格である、あるいは、親族間で争いがあるなどの場合には、第三者の後見人（主に司法書士や弁護士）が選任されます。

また、後見監督人といって、後見人を監督する専門家（主に司法書士や弁護士）が選任されることもあります。

審判の決定内容については、申立人、本人、成年後見人等に、「審判書」という書面が送付されます。

6. 審判確定

審判書が届いてから2週間以内に不服申立てがない場合、後見開始の審判が確定し、法務局へ審判決定事項が登記されます。申立てから後見開始の審判が下るまでには、通常、2か月程度の期間がかかります。

7. 後見開始

後見人が後見事務を開始します。

後見人は就任後定められた1～2か月の期間内に、財産目録および年間収支の見込みを家庭裁判所に提出します。

その後、後見人は家庭裁判所と（選任されていれば）後見監督人に、本人の生活状況、心身の状態、財産の状況などを、定期的に報告します。

成年後見の手続きの流れ

	手続き	内容
①	**後見開始申立**	本人の四親等以内の親族を「申立人」として、家庭裁判所に「後見開始」を申立てる。
②	**面談調査**	家庭裁判所の調査官が、申立人および後見人候補者に対する面談調査を行う。
③	**鑑定**	本人に判断能力がどの程度あるのかを確認するため、必要な場合には、医学的な鑑定を行うことがある。
④	**本人の面談**	家庭裁判所が本人と面談を行い、病状、申立ての内容や申立ての理由などについて確認する場合がある。
⑤	**後見開始の審判**	家庭裁判所が提出書類や面談調査、鑑定結果などを審査し、後見を開始すべきかどうか、誰を後見人として選任するかについて審判を行う。
⑥	**審判確定**	審判書が届いてから２週間以内に不服申立てがない場合、後見開始の審判が確定する。
⑦	**後見開始**	後見人が後見事務を開始する。

成年後見の申立てに必要な書類

成年後見の申立てに必要な書類は、多岐にわたります。書類の不足や不備などがあると、受け付けてもらえないこともあるため、注意が必要です。

成年後見の申立時には、以下の書類を揃える必要があります。

◆申立書類一式

- ●後見開始申立書
- ●申立事情説明書
- ●親族関係図
- ●代理行為目録（保佐・補助の場合）
- ●同意行為目録（保佐・補助の場合）
- ●本人の財産目録およびその資料

・不動産についての資料
　不動産全部事項証明書や固定資産評価証明書など
・預貯金、株式等についての資料
　預貯金通帳、残高証明書、預かり証、株式の残高報告書など
・生命保険、損害保険等についての資料
　本人が契約者や被保険者、保険金受取人になっている保険についての保険証書など
・負債についての資料
　金銭消費貸借契約書、返済明細書など
・収入についての資料
　確定申告書、給与明細書、年金額決定通知書など
・支出についての資料
　各種税の納税通知書、国民健康保険料、介護保険料の決定通知書、

家賃・医療費・施設費の領収書など
●後見人等候補者事情説明書
●親族の同意書
書式については、家庭裁判所の窓口で受け取ることができます。また、家庭裁判所のＷＥＢサイトからダウンロードすることも可能です。

◆本人情報シート

ケアマネージャーさんのような、本人の介護を身近に担当している福祉関係者に作成してもらう書類です。

◆診断書

病状などについて、主治医の先生に作成してもらいます。診断書を作成するのは、精神科の医師でなくても構いません。

専用の診断書があるので、その用紙に記入してもらいましょう。用紙は家庭裁判所窓口またはＷＥＢサイトから入手できます。

◆本人の戸籍謄本（全部事項証明書）　１通

本籍のある市町村役場から取り寄せてください。

◆本人・後見人候補者の住民票または戸籍附票　各１通

住所地または本籍のある市町村役場から取り寄せてください。本人のものと後見人候補者のものが１通ずつ必要になります。

◆本人について成年後見等の登記が既にされていないことの証明書　１通

法務局から取り寄せてください。

◆本人の健康状態が分かる資料

介護保険認定書など、要介護度が分かる書面をご用意ください。

また、精神障害者手帳、身体障害者手帳、療育手帳などをお持ちの場合は、そのコピーをご用意ください。

後見人の選出

●親族後見人か専門職後見人か

後見開始申立書には、後見人候補者を記載する欄があります。「この人に後見人になってもらいたい」という候補者がいる場合、当人の了承を得た上で、後見人候補者欄に記載することができます。後見人候補者がいない場合には、空欄のまま提出することになります。

後見人候補者が記載されているからといって、必ずしもその候補者が後見人に選出されるわけではありません。

今のところ、特に東京家庭裁判所では、なるべく専門職後見人を選任するという傾向があります。専門職後見人というのは、司法書士や弁護士などです。後見人候補者欄に親族の名前を記載しても、それを退け、専門職後見人を選出するのです。これは、専門家のほうが安全だということと、親族が後見人になるとトラブルが多いことが理由だと考えられます。

というのも、仮に本人の子供を後見人にした場合、『親の財産は自分たち家族全体の財産だ』と考えてしまうことがあります。そんな中、親の通帳と印鑑、キャッシュカードを管理するわけです。すると、たとえば家の車を購入するときや、教育費などでお金が足りないとき、一家にとって大切なことだから……と、親のお金を使ってしまう。このようなケースが後を絶ちません。親族が財産を管理すると、どうしても杜撰《ずさん》になってしまうのです。

そのため裁判所は、職務として責任を全うする専門職後見人を選任することが多くなりました。とはいえ、地方ではそもそも司法書士や弁護士の人数が足りないため、東京に比べると親族が後見人となる割合は高くなっています。

最高裁判所が発表した「成年後見関係事件の概況（平成31年1月～令和元年12月）」によると、成年後見人と本人との関係について、親族が後見人に選任された割合は、全体の21・8%となっています。そして親

親族後見人と専門職後見人

親族後見人
成年後見人になった親族のこと

専門職後見人
成年後見人になった専門家のこと

族後見人が就任する場合、基本的には本人の子が選任されることが多く（52・6％）、親族以外が選任される場合には、司法書士が就任することが最も多くなっています（37・7％）。

親族が後見人になる場合には、後見監督人が選任されることもあります。後見監督人には、司法書士や弁護士といった専門家が選任され、後見人の活動を監督します。

●後見人候補者は、実際、どのようにして決められているのか

専門職後見人が裁判所によって選出される際には、多くの場合、司法書士か弁護士、または社会福祉士が後見人となります。

後見開始申立書の後見人候補者欄が空欄であった場合（特に希望を出さ

ない場合)、もしくは記載されている人物が適切ではないと裁判所が判断した場合、裁判所は後見人候補者名簿の中から後見人を選出します。

後見人候補者名簿というのは、司法書士会や弁護士会が家庭裁判所に提出している名簿です。

たとえば司法書士の場合、司法書士会が運営するリーガルサポート(正式名称:公益社団法人　成年後見センター・リーガルサポート)という機関で、成年後見に関する研修を受講した上で、一定の研修単位を取得し、成年後見の実務に就きたいと申し出た司法書士が、後見人候補者名簿に記載されます。

そして、その名簿が家庭裁判所に提出され、そこから後見人が選出されます。

●成年後見のトップランナー、司法書士

司法書士会や弁護士会、社会福祉士会、税理士会が後見人候補者名簿を家庭裁判所に提出していますが、成年後見の実務について第一線を走っているのは、圧倒的に司法書士です。

司法書士会は会をあげて成年後見に力を入れており、家庭裁判所から指定されている成年後見実務以外にも、「定期的に本人に会いに行きなさい」という指導をしています。

これは、身上監護を徹底するためです。

財産に関しては、通帳やカードを後見人が預かるので、基本的には後見人にしかお金を動かすことはできませんし、本人のところに行かなくても記帳すればお金の流れが確認できます。

しかし、身上監護については、事務所にいたままで確認することはできません。虐待が起こっていないか、心身の状態に異変はないか、定期的に

本人に直接会い、直接目で見て確認するのです。

この定期的に本人に会いに行くという指導は、裁判所からの要請ではありません。司法書士会独自の指導です。

また、裁判所への報告についても、裁判所からの指導では年1回すればよいところを、司法書士会では年2回（裁判所への年1回の報告の他に、リーガルサポートへの年1回の報告）報告するよう、所属司法書士に要求しています。

ここまで厳格に指導しているのは、司法書士会だけです。成年後見に関与している団体としては、最も実績をあげているのが司法書士会、その後に弁護士会、社会福祉士会が続きます（法律家ではありませんが、福祉ということで、社会福祉士も成年後見を担っています）。

専門職後見人は、主に司法書士、弁護士、社会福祉士の3つの専門家によって担われているのです。

●知らない人が成年後見人になってもいいのか

後見人候補者欄が空欄でも（特に希望を出さなくても）、名簿から専門職後見人が選出されると聞くと、安心するかもしれません。しかし、これはこれで困ったことが起こるのです。

それは、全く知らない人が後見人になってしまうということ。

家庭裁判所が後見人候補者名簿から後見人を選出する際、申立人や本人に事前の承諾を得ることはありません。決定の通知だけが事後的に届きます。

会ったこともない人が、後見人として、本人が亡くなるまでの間ずっと身上監護と財産管理を行うのです。ヘルパーさんやケアマネージャーさんとは違い、「気が合わないから代えてくれ」というわけにはいきません。一度選ばれた後見人を代えるには、家庭裁判所の許可が必要です。

後見人が決まって、いざ来てもらったら、相性が悪いタイプだったということは、往々にして起こります。人と人との相性というのは、どうしてもあるものです。

このようなミスマッチを防ぐためにも、申立てをする前に、専門家に会って話してみて、「この人だったらずっと付き合ってもいいな」と思えるような人を選び、後見人候補者として希望することをお勧めします。

決して少なくない方々が、裁判所の選出した専門職後見人と相性が合わなくて日々苦労しています。これが現状です。

このことからも、申立て前に自分たちで専門職後見人を選び、後見人候補者として裁判所へ希望を出すことを、強くお勧めします。

なお、申立書の後見人候補者の欄に、家庭裁判所の名簿に登載されている司法書士を記載した場合、原則としてその司法書士がそのまま後見人に選任される運用になっています。

もし、後見人の仕事を依頼したい専門家がいる場合は、その専門家が家庭裁判所の名簿にきちんと登載されているか、確認してから依頼することも重要です。

コラム

法定後見と任意後見

ここまで本書で主に取り上げてきたのは、成年後見制度の内でも「法定後見」と呼ばれる制度です。まだまだ利用者数は少ないものの、この他に「任意後見」という制度があります。そこでこのコラムでは、「任意後見」についてごく簡単に触れておきます。

法定後見は、既に本人の判断能力が不十分になってしまった後で、親族などの申立てによって家庭裁判所に後見人等を選任してもらう制度です。

それに対して任意後見は、将来、自分の判断能力が不十分となった場合に備えて、あらかじめ自分自身で、自分の「任意後見人」になってもらう人を選んでおくための制度です。

つまり、将来、自分の判断能力が低下した場合に備えて、自分にまだ判断能力があるうちに「任意後見人」を事前に選んでおくというものが「任意後見」です。「任意後見」は、本人と後見人予定者の契約によって成立します。この契約書は、公正証書で作成します。

その後、自分の判断能力が衰えてきたときに、自分で任意後見監督人選任の申立てをします（親族や任意後見人予定者から申立てをすることもできます）。そこで後見監督人が選任されてはじめて任意後見がスタートします。任意後見契約では、本人が任意後見予定者を選んでおけること、後見事務の内容を本人と後見人予定者との契約で定められることが大きなポイントです。

成年後見人（専門職後見人）を探す方法

成年後見人（専門職後見人）を探すには、以下の２つの方法がお勧めです。

１つ目は、自ら探して、専門家に直接依頼する方法。司法書士等の事務所に相談し、「この先生ならこの先長い付き合いになってもいいな」「この先生なら信頼できる」という人が見つかったら、その専門家に依頼しましょう。もし、近くにそのような事務所がなければ、司法書士会でも成年後見に関する相談会をやっていますので、ご活用ください。

２つ目は、地域包括支援センターに相談する方法です。地域包括支援センターは、地域によっては高齢者支援センターなどと呼ばれることもあります。介護保険法に基づいて、地域住民の保健・福祉・医療の向上、虐待防止、介護予防マネジメントなどを総合的に行う機関です。

地域包括支援センターに相談すると、社会福祉協議会を通じて、司法書士等につないでもらえます。お近くの市民センターなどで相談会などをやっている場合は、それに参加するのもよいでしょう。

もし、よく分からなければ、ケアマネージャーさんに相談するのも一つの手です。ケアマネージャーさんは、包括支援センターと結びつきが強いので、包括支援センターにつないでもらえると思います。

●どういう場合に成年後見制度を利用するのか

これについては誤解されている方が多いのですが、「この先が心配だから、とりあえず後見人をつけておこう」ということはできません。

後見開始申立書に、申立ての理由を記入する欄があります。保険金の受取りや不動産の処分、介護保険契約など、『こういう目的で成年後見を申し立てる』という明確な理由が必要なのです。

ですから、不動産を処分する必要があるなど、何らかの契約をする必要が生じたときに初めて、成年後見制度を利用することができるようになります。申立ての目的としては、預貯金の管理が最も多く見られます。金融機関は、本人が認知症だと判明すると即座に口座を凍結するため、あわてて後見開始の申立てをするというケースが多いのでしょう。

コラム

後見制度における不動産の売却

私の事務所は、系列に不動産会社（社名：ふくだ法務不動産株式会社）を保有しているため、不動産の売却を目的とした成年後見制度のご相談を受けることも多くあります。

成年後見制度を使ってご本人が所有する不動産を売却する場合、原則として、裁判所による売却の許可が必要です。この許可が下りないと、仮に契約をしたとしても、その契約が無効となってしまいます。

裁判所から許可を得るためには、売却についての正当な理由が必要です。たとえば、

「今後は施設で生活をすることになるので、自宅が不要になった」

「別荘を所有しているが、もうその別荘に行くことはない見込みである」

「不動産を保有していても、修繕費や固定資産税等の維持費がかかり、かえって本人の資産がマイナスになってしまう」

などです。弊所では、対象不動産について売買契約を締結する前に、きちんと裁判所へ根回しをしておき、後から許可が下りないということがないよう、手続を慎重に進めるようにしています。

成年後見制度は必要な人に行き渡っていない

残念ながら、成年後見制度はまだまだ必要としている人に行き渡っていません。正確なデータは調査されていませんが、体感値としては、必要としている人の３割ほどしか成年後見制度を利用していないように思います。

後見制度が広まっていない理由として、認知症になったら法的な行為ができなくなるということ自体が、あまり理解されていないことがあげられるでしょう。

アパートの更新契約や乗らなくなった自動車の売却など、成年後見制度を利用せずに家族などが本人に代わって契約をしてしまうと、無権代理ということで後から契約が無効になる可能性があります。後見人を選ぶことで、初めて有効な法律行為ができるようになるのです。

●旧制度によるネガティブなイメージ

成年後見制度は、重要性が高いにもかかわらず、一般の方への認知が非常に遅れています。

もしかしたら、成年後見制度の前身となる禁治産者制度のネガティブなイメージが残っているのかもしれません。

以前の禁治産者制度は、本人保護の名の下に、判断能力の不十分な人を市民社会から排除したり、その参加を制限することに重点が置かれているきらいがありました。禁治産者は戸籍にもその旨が記載されました。そのため、娘や息子の縁談が破談になるというようなこともあったと言われています。

現在の成年後見制度は、戸籍には何も記載されません。今の時代に合った制度に変貌を遂げており、もっと気軽に利用されていい制度なのですが……。やはり、これまでのネガティブなイメージが強いのでしょうか。

●人権に対する配慮

成年後見制度を利用すると、本人のできることに制限がかかります。これはもちろん、本人を守るための制限です。

その制限の中に、「成年被後見人（成年後見を受けている人）は選挙権が持てない」というものがありました。事理を弁識する能力がないということは、候補者を選んで投票する能力もないという理屈のようです。しかし、２０１３年（平成25年）、公職選挙法等の一部を改正する法律が成立し、成年被後見人に選挙権・被選挙権が回復されました。

選挙権の他にも、一定の職業に就けない、会社の取締役に就けないといったことがありました。これらも、公職選挙法の改正に続き、次々と改正されようとしています。

認知症などになったからといって、いきなり何もできなくなるわけではありません。たとえば、計算はできなくなっても、会話は普通にできるなど。できなくなったことはあるとしても、まだできることもあるのです。このまだできること、残存能力をどう生かしていくかということが、今後の課題となるでしょう。

●「家のことは家族で何とかしなければ」という重圧

働きながら、家事や育児など自分たちの生活も回しながら、認知症の親の面倒を見て、親の財産の管理までするというのは、相当な負担になります。

しかし、自分たちで何とかしようと必死で頑張るご家庭が非常に多いというのが実情です。もしかしたら、家のことを外に相談したくないという心理的な障壁があるのかもしれません。

家族だけで認知症の進んだ親の面倒を見ていると、どんどん気持に余裕がなくなっていきます。パニック状態というか、視野狭窄《きょうさく》に陥ってしまう。そのようなご家庭をたくさん見てきました。

真面目で献身的な息子さん、娘さんこそ、このような状態に陥りやすい。どうも皆さん、人に頼ってはいけないという気持ちが大きいようです。

もう少し我々に頼っていただきたい。そう、常々思っています。

●家族だけで抱え込まなくてもいい

ご親族が後見人をするというのは、大変なことです。

一円の狂いもないように親の収支をつけ、それを年に1回書面で裁判所に報告する。もちろん、その報告はきちんとした内容でなければいけません。そして、親に何かあったら、事の大小にかかわらず、すぐに電話がかかってくる。これを働きながら行うというのは、本当に大変です。

また、ご高齢の方はさまざまな支援を受けることができますが、これらは待っていれば自動的に付与されるというものではありません。おむつ代にしろ何にしろ、補助の制度があっても、申請しなければ貰うことができないのです。

こういった手続は、慣れていない方には実に面倒なもの。ご家族がそのようなことに追われるくらいなら、慣れた人に頼んでみてはいかがでしょうか。

「家の中のことだから……」と抱え込むのではなく、無理をせずに、親御さんのお世話を少し他の人とシェアしませんか。

こまごました申請手続、生活費の管理、公共料金や税金の支払いなど、第三者が責任を持ってやってくれる制度があるのです。任せてしまえば、ご家族の負担は大きく軽減されます。貴重な時間を、家族のコミュニケーションに費やすことができるのです。

ぜひ、ケアマネージャーさんやヘルパーさんを頼むくらいの気楽さで、成年後見制度を利用していただきたいと思っています。

利用促進法

「成年後見制度の利用の促進に関する法律」が、２０１６年（平成28年）５月より施行されています。

「利用促進法」と呼んでいますが、これは、来るべき時代に備えた法律です。

近い将来、団塊の世代が後見制度を利用するようになります。そのときに、今のような専門職が後見人を務めるというやり方では人数的にとても間に合いません。そこでできたのが、この利用促進法です。

利用促進法では、家庭裁判所と行政機関、地方公共団体が協力し、成年後見制度の利用を促進させましょうと呼びかけています。この利用促進法に基づき、今、「地域の人たちが後見人となり、専門職はその監督をする」というスタイルが確立されつつあります。

これまで成年後見制度は、本人を代理するという意味で法務省が中心となっていましたが、利用促進法では厚生労働省が中心となって働きかけています。今までの家庭裁判所主導のスタイルから、社会福祉協議会のような地域の中核団体を中心とするスタイルへとしだいに変わっていくことでしょう。

まだまだ実際の運用がニーズに追いついていないという状況ではありますが、少しずつ動きはじめています。利用促進法に基づいた方針では、基本的に後見人は親族や地域ボランティアによる市民後見人が担当することになります。それに対し、専門家を監督につけるのです。

先述の通り、これまで家庭裁判所は、親族の後見人を極力つけないようにしていました。それがいきなり、利用促進法ができたことによって、親族が後見人になるという話になってきたのです。

ここは、法務省と厚生労働省の意見が合わなかったところだと思います。

親族や専門職ではないボランティアの方が後見人になるということに、全く問題がないわけではありません。しかし、もはやそんなことを言っていられないというのが、実情なのです。

まだまだ浸透してはいませんが、少しずつこのような取り組みが進んできています。そしてこれは、全国的な動きなのです。

利用促進法が施行されたといっても、もちろんこれからも後見人候補者に司法書士や弁護士の名を記載することは可能です。もし、専門職の後見人を希望するのであれば、司法書士や弁護士の事務所に相談し、依頼するとよいでしょう。面倒な後見開始申立ての書類集めや手続などを含め、全て専門家に頼むことができます。

コラム

子供は親の財産に手を付けてはいけない

日本には伝統的な家督相続制度がありました。その名残りで、いまだに父親が認知症などになったら長男がやりくりするのが当たり前、といった風潮があります。

しかし、これは現代の人権感覚には合いません。

父親も息子も一人ひとり独立した人間であり、たとえ息子であっても、父親を勝手に代理するなどということは許されないのです。

専門職後見人がついた後でも、「今度新車買うから、先生、ちょっと親父のお金から300万円都合してくれないかな」などと平気で言ってくる人がいます。

これは、法律的にはとんでもないことなのですが、日本人の感覚からすると、車という一家の財産を買うのに父親の財布から出すということに対し、そこまで的外れなことを言っているつもりはないのでしょう。その息子さんは、おそらく、全く悪気がないのだろうと思います。

日本では慣習的に、「親のお金は家族のお金」のようなところがあるため、法に触れているという自覚のないまま、親のお金を使い込んでしまう人があまりにも多いのです。

教育費が問題になったケースもあります。父親の後見人をしていた方が、自分の子供の教育費を被後見人である父親の貯金から出していたのです。教育費なのだから、家族が払って当然という感覚があったのでしょう。しかし、これは間違いです。結局、この方には後見監督人がつくことになりました。

このように、日本人は家族間の財産について曖昧《あいまい》な認識を持っているため、これまで家庭裁判所は、親族の後見人を避けてきたのです。

お一人様問題と親亡き後問題

●お一人様問題

昨今、相談が増えているのが、「お一人様問題」です。これは大変大きな問題で、今後も相談は増えていくものと見込まれます。

基本的に、後見開始申立ては、四親等以内の親族が行うものとなっています。しかし、身寄りのない方の場合、老人福祉法などにより、自治体の長が申し立てることも可能です。この市長や区長による申立てが増えています。

本人がお一人様の場合、家族や親族に話を聞くことができないため、その方がどのような生活をしているか、そしてどのような財産を持っているか、全く分かりません。

本人は「うちにはお金がないから」と言って税金を滞納していたのに、

役所の職員が部屋を探してみたら、１０００万円以上の残高のある古い通帳が出てきた……などという事例もあります。

このケースではたまたま見つけられたからよかったものの、身寄りのない方の場合、本人の認知能力が落ちてしまったら、財産状況を把握できなくなってしまいます。

お一人様でも、ずっと独身で過ごしてきた方は、いろいろと準備をしているものです。しかし、連れ合いを亡くして一人になったという場合、そのときの精神的なショックなどにより、一気に認知症が進んでしまうこともあります。

ですから、任意後見制度などを使って、早めに手を打つようにしてください。

また、後見が開始されると、遺言書を作成することが非常に難しくなります。その点も含め、まだ心身ともにしっかりしている間に、いざという時のために準備をしておくことが大切です。

●親亡き後問題

お一人様問題同様、大きな課題となっているのが、知的障害や精神疾患などを抱えている方の「親亡き後問題」です。

親がまだ若いうちはよいのですが、高齢になってくるにつれ、後に残される我が子が心配でならない。そのようなご相談を受けることが増えてきました。

これは本当に難しい問題です。

利用促進法による地域の取り組みでは、年配の方の認知症だけでなく、知的障害や精神疾患を抱える方への対応も含まれています。

我々のような専門職に相談をしてもいいでしょうし、地域包括支援センターなどを通して地域の皆さんと連携するのもいいと思います。

後に残されるお子さんのためにも、ぜひ、納得のいくサポートの形を見つけていただきたいと思います。

事例　弟が急に孤独死。突然の相続手続に追われ、パニック状態に／寺島さん（男性・71歳）

過去に弊所にて手続をした依頼人の方から、約5年ぶりの電話がありました。電話に出ると、どうもひどくあわてている様子です。

「弟が死んだと、昨日警察から電話がありました。どうやら2週間前に部屋で亡くなっていたようです。これからどうすればいいのかパニック状態です」とおっしゃいます。

事情を整理してみると、
・弟さんは結婚歴がなく、子供もいない。ずっと一人で生活していた。

・弟さんとは最近交流がなかった。
・遺言書はない。法定相続人は寺島さんのみ。
・無断欠勤が続くので会社の同僚が家を訪ねたところ、部屋の中で死亡していた。
・遺体は真夏の部屋の中で2週間放置され、部屋の中は酷い状態である（警察より）。

との事でした。

すぐに相続財産の調査や、相続手続に必要な資料（権利証など）の収集を始めたかったのですが、部屋の中が酷い状態ということで、中に入るまでにかなりの期間を待つ必要がありました。

警察の検死、管理会社による部屋の消毒が終わり、寺島さんと亡くなっていた部屋に入ったのですが、（当然臭いも酷く）物が散乱しており、必要な資料を探すのに数日間かかってしまいました。また、その間も寺島さんは度々警察に呼ばれ、いろいろと話をきかれたようです。

加えて、葬儀についても難儀されていました。どの程度の規模にすればよいか、誰に連絡をして誰を呼んだらよいか、戒名についても判断にお困りの様子でした。弊所による協力もあり、何とか全ての手続を済ませたのですが、寺島さんは「急にこんなことになって、本当に困りました。私には先生がいてくれて何とかなりましたが、他の人はどうするのでしょうね？　もう少し、普段から部屋の中を整理してくれていたらよかったのに」とおっしゃっていました。


年々結婚率や出産率が下がっているせいでしょうか、本件のようないわゆる孤独死が増えてきています。

ご本人が孤独死されても、相続が発生しないとは限りません。法律上の親子関係や兄弟・姉妹関係があれば当然に相続は発生します。そしてそれを行うのは遺された方々です。

ご自身がシングルで、普段ご親戚の方と交流がない場合、たとえば権利証や預貯金通帳・実印などの保管場所を書いたメモ、葬儀についての希望（葬儀の規模や予算、誰を呼んでほしいか、戒名の有無・予算など）、自分に万が一のことがあったらどのようにしてもらいたいかなどを書き残しておくことが望ましいです。

また、本件のように死亡後に放置されることがないよう、自治体や企業などの見守りサービスや安否確認サービスの利用もお勧めします。このようなことも立派な相続対策になります。

第3章

知っておきたい「民事信託」とは

民事信託とは？

民事信託は、成年後見とよく対比される制度です。

成年後見は、前章で述べた通り、認知症などによって判断能力を失ってしまった後の手続であり、あくまで本人の財産を「守る」ためのもの。財産を守ることはできますが、その財産を積極的に運用したり投資したりすることはできません。

それに対して民事信託は、本人の判断力が衰える前に契約しておくもので、その後に本人が事理弁識能力を失った後も、そのまま財産を運用したり投資したりすることができます。

民事信託は、一般の契約関係と同じ手続を行います。成年後見とは異なり、裁判所での手続は行われません。

財産の持ち主が認知症になったとしても、信託契約によって財産を託された者に売却の権限が付与されていれば、裁判所の許可なく売却などの処理を行うことができます。そのため、自宅を売却して介護施設に入るための費用にするといったことが、スムーズに行えます。

●民事信託契約について

民事信託契約は、委託者と受託者の間で結びます。

たとえば、ご高齢のお母様が息子さんにアパートや現金を管理・運用・処分してもらい、その家賃収入

民事信託と成年後見

成年後見

認知症などによって判断能力を失ってしまったあとの手続き

民事信託

本人の判断力が衰える前に契約しておくもの

を得たいという場合、次ページの図のような契約になります。

財産の持ち主であるお母様は委託者（財産を託す人）であり、財産を託される息子さんが受託者です。そして、この例の場合、家賃収入を得るのもお母様なので、受益者（財産運用による利益を得る人）もお母様になります。

受益者には、委託者以外の人を設定することも可能です。

この民事信託契約は、公証人役場で公正証書の形で契約書を作成することが一般的です。

●民事信託契約は、何のためにやるのか

一棟のマンションやビルを持っていると、不動産会社とのやり取りや各種契約、大規模修繕など、さまざまな管理業務を行わなければいけません。ご高齢になってくると、そういった管理業務が大変になってきます。また、

民事信託契約

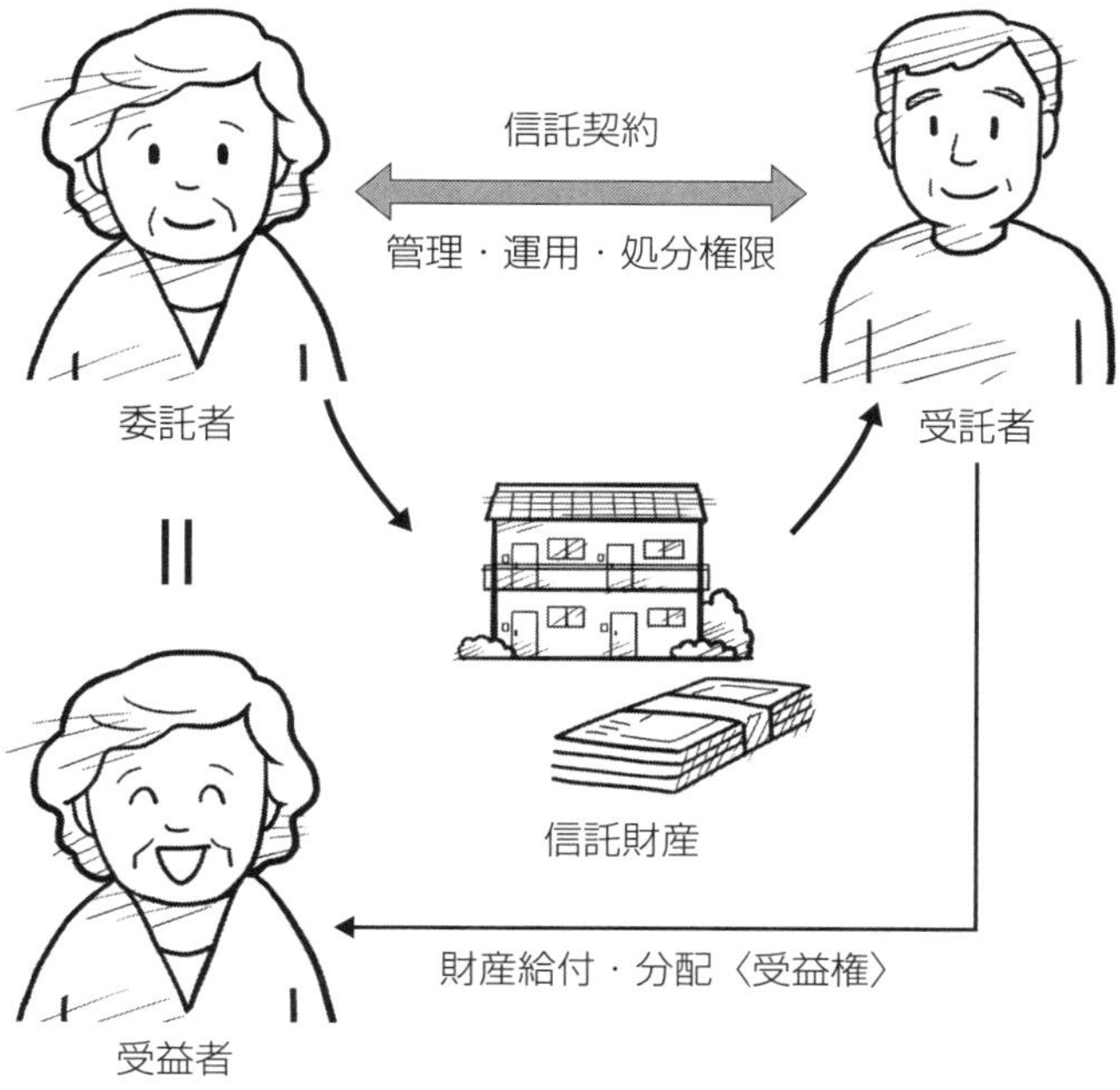

認知症になってしまったら、この管理自体ができなくなってしまいます。「マンションやビルを手放す気はないけれど、自分で管理するのは億劫《おっくう》になってきた。ちょっと息子に頼みたい」。そんなとき、民事信託契約が便利なのです。

既に認知症になっている場合には、成年後見制度等を利用するしかないことになりますが、それでは、積極的な運用をすることができません。ですから、まだしっかりとした判断力がある間に、民事信託契約を結び、運用や処分について決めておくことをお勧めします。民事信託契約を結んでおけば、例え契約後に認知症になったとしても、成年後見制度等を利用することなく、信託契約通りにそのまま財産の管理・運用・処分をすることが可能です。

●民事信託は新しい制度

２００７年（平成19年）９月より、信託法が大きく改正され、施行されています。それまでは、信託会社や信託銀行が請け負う商事信託を目的とした法律であった信託法が、改正により個人にも当てはまるようになったのです。

この法改正から13年。民事信託の制度はまだ、一般的にはあまり知られていない制度です。今後超高齢社会が進むにつれて、徐々に利用も広まっており、これからますます注目されていくことになるでしょう。

●受託者を専門家に任せることはできるのか

身寄りのない方は、民事信託契約の受託者を、専門家に頼みたいと思うかもしれません。その場合、信託業法に定められた信託業を行うための免許を取得した業者に依頼する必要があります。

この免許を取得するためには、多額の資本金が必要なため、信託銀行や信託会社といった大きな企業くらいしか参入できないというのが実情です。信託会社や信託銀行では、パッケージ化された信託商品が販売されています。そこに受託業務もありますが、これは業務として受託者になるため、高額な費用がかかります。

事業として管理するような規模の財産を持っているなら、信託会社や信託銀行による商事信託を依頼するのも一つの手ですが、そこまでの規模でない場合には、やはり、民事信託という形がよいでしょう。

●受託者を知り合いや友達に頼むことはできるのか

信頼できる知り合いや友人などに、受託者となってもらうことは可能です。

その際、信託業法に抵触しないかについては、「生業として民事信託を請け負っているのかどうか」で判断します。

たとえば、その友人が司法書士や弁護士、税理士などであった場合、専門的な知識を備えているため、何度も請け負える土台があります。するとそれは「生業としての受託」であると判断されてしまうのです。

一般の方で、その案件以外には請け負う可能性がほとんどない場合（知り合いや友人など）については、生業として引き受けたわけではないだろうということで、信託業法には抵触しないと判断されます。

司法書士は民事信託のコーディネーター

民事信託契約を結ぶ際、専門家を受託者に設定することはできません。

しかし、専門家のアドバイスを受けることなら可能です。

司法書士のような法律の専門家が、民事信託のコーディネートを請け負っています。信託契約書を作成したり、コンサルティングをしたり、その役割はさまざまです。

民事信託契約をすることによって、どのようなことが可能になるのかを詳しく説明し、それぞれの状況に合わせたベストな契約内容を提案します。また、契約書は公証役場で公正証書として作成しますが、その際、公証人との打合せにも同席します。民事信託はまだあまりメジャーな契約ではないため、公証人の中には信託契約についてそこまで明るくない方もいらっしゃいます。そういったところをフォローするのです。

信託用の銀行口座が必要な場合には、金融機関と打ち合わせをするなど、口座開設のフォローをすることもあります。信託用の口座とは、受託者が金銭を管理する際、信託された（委託者の）金銭を受託者の所有する金銭と区別するためのものです。公正証書による契約書の作成や信託口座開設などは、一般の方だけでなかなかできることではありません。そういった部分について、私たち司法書士等の専門家がフォローしたり、代理人となって遂行したりするわけです。

●まずは民事信託スタートまで

コーディネーターとして専門家が入るときは、まずは信託契約が成立し、民事信託がスタートするところまでを担当するということになります。

●民事信託スタート後のフォロー

無事に民事信託がスタートした後は、ケースバイケースです。

民事信託がスタートしたら、その後は家族だけで運用していき、何かあったときにだけ専門家に相談するといったスポット相談のような形を希望する方もいます。また、顧問のような形で定期的なアドバイスを受けることを選択する方もいます。中には、家族といえども、お金や不動産を託すのはちょっと心配だということで、専門家を信託監督人に選任する場合もあります。

【信託監督人】

信託法第131条1項に、「信託行為においては、受益者が現に存する場合に信託監督人となるべき者を指定する定めを設けることができる」とあります。

つまり、信託監督人は、設けても設けなくてもよいのです。

信託監督人の主な役割は、受託者が信託契約に定めた通りに財産の管理・運用・処分をきちんと行っているかどうかチェックすることです。文字通り、「信託を監督する人」が信託監督人なのです。

信託監督人に特に資格は必要ありません。誰がなってもよいものですが、司法書士や弁護士といった専門家に依頼することが一般的です。

極めて自由度が高い民事信託

民事信託について、ここ最近、テレビ番組などで取り上げられることが増えてきました。

本人が認知症などになった場合、成年後見制度を使うと後見人に全て管理され、財産を動かす際には裁判所の許可が必要になってしまう。だったら、認知症になる前に、成年後見制度よりもはるかに自由度の高い民事信託を使いませんか、という切り口が大半です。

テレビ番組などでは、オーバーに表現されることが多く、まるで成年後見制度が悪者であるかのように扱われることもしばしばあります。しかし、決して成年後見制度が悪で民事信託が善というわけではありません。

とはいえ、民事信託のほうが自由度が高いというのは事実です。財産を守るだけでなく、積極的に運用していきたいのであれば、民事信託を結んでおくべきでしょう。

●民事信託は、「面倒くさい」が理由であってもよい

判断能力を欠いたときにしか使えない成年後見制度と異なり、民事信託契約は、委託者が元気であっても結ぶことができます。極端な話、心身ともに健康そのものであっても、「面倒くさいから」という理由で民事信託を利用しても構わないのです。

ただし、民事信託契約はあくまで契約ですので、意思能力を失ってからでは結ぶことができません。たとえば、認知症になってしまうと、意思能力がなくなってしまうため、民事信託を利用することはできません。

とはいえ、契約する能力のレベルというのは主観的なもので、本人にどれほどの能力が残っているのかを正しく測ることはできません。そこで、公正証書という形で契約書を取り交わすのです。

公正証書は公証人が作るため、公証人が信託契約を認めたということは、契約する能力があったとみなすことができます。公証人が「この人には契約する能力がないな」と判断した場合、公正証書を作ることはできません。

これは、遺言書と似ているところです。遺言書も公正証書で作ることが推奨されています。それはもちろん、無効になりづらい、正確に作成できるといった理由もあります。しかしそれだけでなく、公証人が判断しているため、遺言をする能力があるということの証《あかし》にもなるといった理由もあるのです。

そのような安心感からも、遺言書や民事信託の契約書は、公正証書で作っておくべきだと言えるでしょう。

どのような人が民事信託を利用したほうがいいの？

自由度が高く便利な民事信託制度ですが、一体どのような人が使えばよいのでしょうか。

●運用できる不動産を持っている高齢者

民事信託を利用するメリットが高いのは、ご高齢で、運用しているマンションやビルを持っている方です。あとは地主さんなどです。民事信託は、運用できる不動産をお持ちの方にとって、非常に便利な制度です。

●運用ありきの民事信託

成年後見の場合、貸しビルやマンションについて、積極的な運用はできなくなってしまいます。これは、成年後見制度があくまで財産を守ること、損失を出さないことを目的としているためです。運用や投資というのは、場合によっては損失を出してしまうことも考えられます。成年後見制度では、リスクを取ることができません。

たとえば、マンションの修繕くらいであれば後見人でもできますが、リノベーションをして資産価値を上げるというようなことはできません。その点、民事信託であれば、これらを自由に行うことができるのです。

所有する不動産が自宅のみであれば、成年後見制度でも充分ですが、せっかく運用できる財産を持っているのなら、民事信託制度で運用したほうが資産をしっかりと活用することができます。

●現金の運用も可能

民事信託制度では、現金の運用も任せることができます。

たとえば、５００万円を受託者に預け、月々の生活費として10万円ずつ毎月決まった日に支払ってもらうといったことができるのです。信託契約書に盛り込んでおけば、持っている現金から毎月年金のように受託者から受益者へ振り込んでもらうことができます。

ご高齢の方が大金を持っていると何かと危ないので、このような形にすることで、安心して日々の生活を送ることが可能になります。

もちろん、時にはイレギュラーな出費も出てくるでしょうから、それについては、必要になったらその都度交付するような形で契約書に盛り込んでおくとよいでしょう。

●カスタムメイドの民事信託

個々の家庭によって家族の状況、資産状況、また民事信託を利用する理由も異なります。

民事信託はそれぞれのご家庭に合わせて柔軟に契約内容を決めることが

でき、正にカスタムメイドで制度を利用することができます。我々専門家はその個別事情を丁寧にヒアリング・把握し、民事信託制度を使ってご希望を実現できるようにサポートしています。

遺言代用信託

ちょっと踏み込んだ話になりますが、委託者が亡くなった後のことについても民事信託の契約書に盛り込んでおくことが可能です。

民事信託を利用したほうがいい人とは？

運用できる不動産を持っている高齢者
→最も民事信託を利用するメリットが高い。

積極的な運用をして欲しい高齢者
→後見制度では、リスクを取ることができないので、
積極的な運用をしたいなら民事信託がよい。

現金の運用を任せたい人
→持っている現金から、毎月20万円だけもらうというような
管理も可能。

131ページの例のような民事信託契約を結んだ場合について考えてみましょう。

この例の場合には、委託者が亡くなれば、同時に受益者もいなくなります。その後、この財産をどうするかについて、最初から契約書に盛り込んでおくのです。

たとえば、亡くなった時点で残っている財産について、誰に何を与えるかを予め契約書に書いておきます。

亡くなった後の財産の振り分けについて書き残すというのは、遺言に似ていますよね。だからこれは、「遺言代用信託」と呼ばれています。遺言の代わりに、信託を使うわけです。

民事信託契約が発効してから亡くなるまでの間は、財産管理のための契約であり、亡くなった瞬間に、遺言書の代わりも担うようになります。財産管理と遺言の代わりをワンセットにして民事信託契約書を作成するというのが、民事信託で多いパターンです。

生前の財産管理と亡くなった後の振り分けを一つの契約書で済ませることができるため、非常に便利です。

事例　自宅は後妻に使ってほしいが、最終的には先妻との娘に譲りたい／木内さん（男性・享年85歳）

再婚歴のある木内さんは、先妻との間に娘さんが一人いました。後妻との間にお子さんはいません。

自分が亡くなった後、通常の相続であれば、後妻と娘さん（先妻との子）の２人が相続人になります。しかし、自分の死後も、後妻にはずっと自宅に住み続けてほしい。だからといって、後妻が自宅を全て相続してしまうと、後妻の死後、その家は後妻の親族に相続されてしまいます。

木内さんの希望は、後妻が亡くなるまでは自宅を後妻に使ってほしい、そして、後妻が亡くなった後は、先妻との娘さんに相続させたいというもの。

この一見無茶な望みを叶えてくれるのが、民事信託契約なのです。

木内さんが亡くなった後、受益者が後妻に移り、後妻が亡くなった後、さらに受益権が娘さん（先妻との子）に移るという契約内容にしました。

これにより、木内さんの死後、後妻が現金や家を使う権利を持つことになります。そして、後妻が亡くなった後には、娘さんが家と残りの現金を使えるようになるのです。

娘さんに受益権が移った後で信託契約を終了させる旨を記しておくことで、後妻は生きている間は自宅にそのまま住み続けることができ、後妻が亡くなった後は娘さんが財産を得られるようになりました。

多額の財産をそのまま子供に相続させるのが心配な場合

第2章成年後見のところでも述べましたが、最近、特に注目されているのが「親亡き後問題」です。

障害を持つお子さんがいらっしゃる方にとって、大きな悩みとなっています。

その一つの解決策として成年後見制度があるのですが、それを利用することができなかったという事例があります。

事例　成年後見制度を利用することを拒否、お金をたかられてしまい、数千万円もの散財／緒方さん（男性・42歳）

中度の知的障害を持つ緒方さん。唯一の肉親であるお母様を亡くし、多額の遺産を相続しました。

障害者施設のスタッフが成年後見制度の利用を勧めたものの、緒方さんは頑《かたく》なに拒否。本人にしっかりとした拒絶の意思がある以上、成年後見制度を利用することはできませんでした。

しばらくすると、話を聞きつけた人たちが次々と緒方さんの元を訪れました。チヤホヤされ、おだてられてすっかり嬉しくなってしまった緒方さん。言われるままにお金を渡し、1年ほどの間に数千万円も失ってしまいました。

本人がしっかりと拒否の意思表示をした場合、原則として成年後見制度を利用することはできません。

しかし、もし生前にお母様が民事信託契約をしておけば、このような事態にはならずに済んだのです。

たとえば、誰か信頼できる人を受託者にして、財産を管理してもらいます。自分が亡くなった後、受益権が子供（緒方さん）に移るような形にします。このとき、お金の給付を定額に設定しておくのです。例えば毎月20万円を定額で給付するというような契約内容にしておくことで、本人が財産を一気に使ってしまうのを防ぐことができます。

これは、何も障害を抱えるお子さんに限った話ではなく、たとえば、ギャンブルが好きだとか、浪費癖が

あるといったお子さんに対しても有効です。

これは、民事信託契約が委託者と受託者の間で取り交わす契約であるからこそできること。契約の際、受益者の同意は必要としないため、このような対策が可能になります。

おわりに

ここまでお読みいただき、ありがとうございます。本書を通じて皆様にお伝えしたいことをたった一つ選ぶのであれば、それは「相続対策の重要性」です。相続対策をしなかったことで、家族がバラバラになってしまったケースを本当に数多く見てきました。皆様、家族同士で争い、疲弊し、苦しんだ後で「遺言書1本あればよかったのにな（こんな事にはならなかったな）……」と仰います。

〝このような悲劇を世の中から1件でも無くしたい！〟という気持ちで本書を執筆しました。

相続、成年後見、民事信託と、続けざまに解説いたしました。耳慣れない言葉もたくさん出てきたことと思います。

しかし、大切なのは、法律の知識だけではありません。皆さんが、残りの人生を豊かに過ごすと決意することです。誰に何を遺したいか、資産をどう運用したいか。あるいは、もし家族が認知症になったらどうするか。決めるのは、皆さん自身です。

そして複雑な手続などは、私たち専門家にお任せください。

「家の問題だから……」と、ご家族で抱え込みすぎないでください。相続のこと、ご家族のケア、資産について専門家に頼るというのは、これからの時代、常識となるでしょう。

専門家の手を借りて、少し楽になりませんか。

ぜひ、ご自身の人生を楽しんでいただきたいのです。

煩雑な対応に追われることで、日々の生活を終えてほしくありません。「ちょっと頼ってみようかな……」そう思われたら、お気軽にご連絡ください。ぜひ、お力になりたいと願っております。

最後に、本書の出版にあたり、支えてくださった皆様に御礼申し上げます。

「第2章成年後見編」の執筆にあたり司法書士竹村英夫先生、「第3章民事信託編」の執筆にあたり司法書士根本偉弘先生、両先生方にご協力いただき、感謝の言葉もございません。

また、株式会社Ｃｌｏｖｅｒ出版編集担当者の桜井栄一さん・阿部由紀子さん・大波悠希さん、編集協力の稲田和絵さん、長きにわたり、いつも事務所を支えてくれている事務局長の西潟貴和さん、事務員の竹内庸訓さん、そして何より、これまで弊所に依頼してくださった数多くのご依頼人の方々。

皆様の誰が欠けても、本書が世に出ることはありませんでした。本当にありがとうございました。この場を借りて御礼申し上げます。

本書をご覧になって、「相続について考えてみよう」「そろそろ相続の準備をしようか」「相続対策の相談に乗ってもらいたい」「成年後見・民事信託について相談したい」このようにお考えの方、是非とも我々専門家にご相談ください。

安心して最善の相続が実現できるように、全身全霊をもってサポートさせていただきます。

ふくだ総合法務事務所　無料相談窓口
03-6451-0981
9時～18時（ご予約をいただければ、時間外の対応も可能です）・年中無休・
全国対応

弊所執務室にて
皆様、次の書籍でお会いしましょう。
令和2年9月吉日

ふくだ総合法務事務所　代表司法書士　福田亮

前書紹介

福田亮の書籍

「借金は9割返せる!——今さら聞けない… お金の悩みを解決する本」

司法書士として12年間、債務整理の現場に立ち、10,000件の借金問題を解決してきた、法律のプロがお教えする借金問題の解決方法。

本書では、ほとんどの人が知らない借金問題の疑問について詳しくお答えします。
借金を踏み倒すという契約違反行為とは違い、法律に沿った正しい解決方法がちゃんとあります!
さぁ、解決に向けて動き出しましょう!

福田 亮（ふくだ・りょう）

法務大臣認定司法書士
東京都目黒区出身。

中学受験を経て中高一貫の進学校へ進学するも、高校2年次に中退。

その後3年間に及ぶニート生活を経て、一念発起し、平成19年度の司法書士試験に合格。続けて法務大臣認定取得。

翌年司法書士ふくだ総合法務事務所、平成28年にふくだ法務不動産株式会社を設立。

座右の銘は『望むなら、動け』。依頼人の為、年中無休で忙しい毎日を送っている。

司法書士ふくだ総合法務事務所

代表の福田亮司法書士が、平成20年に地元目黒区に設立。

債務整理、相続、成年後見、未収金の回収など、幅広く業務を展開している。

また、不動産に関する問題にワンストップで対応する為、不動産会社（現・ふくだ法務不動産株式会社）を保有している。

開業当初から相続・成年後見業務を行い、その実務歴は12年におよぶ（2020年9月時点）。

不動産会社を所有している点を最大限に活かしたワンストップサービスを提供し、依頼人から絶大な評価を得ている。

装丁／齋藤稔（ジーラム）
イラストレーション／滝本亜矢
編集協力／稲田和絵
校正協力／永森加寿子
制作／（有）マーリンクレイン
編集／ Edit room H・阿部由紀子

相続は遺言書で9割決まる!

日本一わかりやすい、家族が揉めないための終活の本

初版1刷発行 ● 2020年10月20日

著者

福田《ふくだ》 亮《りょう》

発行者

小田 実紀

発行所

株式会社Clover出版

〒162-0843 東京都新宿区市谷田町3-6 THE GATE ICHIGAYA 10階
Tel.03(6279)1912　Fax.03(6279)1913　http://cloverpub.jp

印刷所

日経印刷株式会社

ISBN978-4-908033-94-0　C0032